BY
Various Workers

---

bott**l**epress

> 좋은 동료와의 대화는
> 동기 부여 뿜뿜

Editor's LETTER

'좋은 동료와의 대화가 나의 진짜 경력.'
문득 이런 생각이 들었습니다. 전 회사 동료를 만나고 돌아오는
길에, 일이 뜻대로 풀리지 않아 꼬깃꼬깃해진 마음은 같은 일
해본 사람이 제일 잘 펴줄 수 있구나 싶었거든요. 이력서에
다녔던 회사, 포지션, 근무 기간, 수행한 프로젝트를 쓰면서 '어떤
사람들과 일하고 배워서 뭘 할 수 있게 되었는지'가 행간에서
읽히길 바라기도 합니다. 먹고살려고 돈벌이를 하다 보면 싫은
사람 만날 일이 더 많지만, 밖에선 괜찮은 사람이었는데 같이
일해보니 악인이 따로 없었던 경우도 겪었지만, 일하다 만난
사람들 덕분에 지금의 제가 있습니다. 배경 설명을 생략한 채
나눌 수 있는 이야기가 많고, 가벼운 수다와 함께 커피타임을
갖다가도 구체적인 의견 교환까지 가는 게 일로 만난 관계가 가진
힘이더라고요. 같은 스트레스를 받는다는 데서 오는 연대의식,
재밌는 꿍꿍이를 하면 같이 재밌어해줄 거라는 신뢰도 있습니다.
따로 또 같이 미래를 그려보던 대화 속에서 나눈 정보와 감정
덕분에 실현 가능한 계획을 세울 수 있었습니다.

그래서, 워커스 라운지 3권 『좋은 동료와의 대화는 동기 부여 뿜뿜』에서는 일하며 얽히는 관계를 탐구했습니다. 직장에서 만나 절친한 친구가 된 사이, 같이 팀장 욕했지만 각자 팀장이 된 사이, 콘텐츠나 서비스를 기획한 사람과 사용자 사이, 관계에 대한 질문을 가장 자주 나누는 사이와 일하다 만난 '나'와의 사이가 담겼습니다.

이 마감을 끝내면 원고를 다듬는 동안 자주 생각난 친구들에게 책을 슥 내밀어볼까 합니다. 여러분께도 한 장 한 장 넘길 때마다 자꾸 떠오르는 얼굴이 있었으면 좋겠습니다. "동료를 구합니다"라는 말로 시작하는 기획서에 응답해준 필진들이 수시로 안겨주는 성장하고 싶은 마음과 함께, 워커스 라운지는 언제든 활짝 열어두겠습니다.☺

편집장 **주소은**

CONTENTS

301 우리가 친애하는 동료로 함께 나이를 먹는다면 ▾ 노윤주

302 '내가 사랑하는 것을 계속 사랑할 수 있는 방법'을 찾은 사람 ▾ 백은하, 정다운

303 일하는 나를 돌보는 나의 일 ▾ 마담롤리나

Members' Lounge
한 발 더 내딛는 사람이 되고 싶을 때, 걷기 명상과 홍차 ▾ 김현경

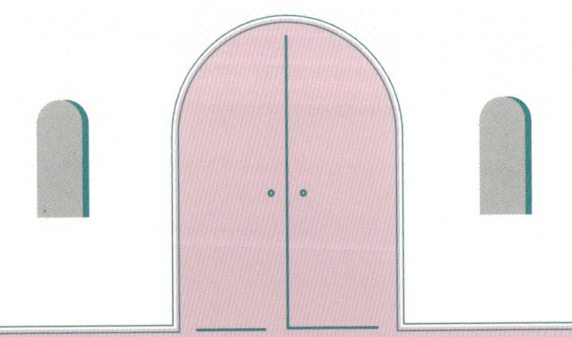

CONTENTS

**304 트렌드가 트렌드인 시대에
트렌드 연구원으로 사는 일** ♦ 이재흔

**305 큐레이터와 에듀케이터,
토요일 오후 두 시의 대화** ♦ 권정민, 한정희

306 단계별로 진화한 서비스 기획자의 성장 동력 ♦ 김지수

Members' Lounge

**일로 만난 우리, 이제 친구가 될까요?
태국 음식과 알자스의 피노 그리** ♦ 류예리

---

307 일할 때 자주 떠올리는 10가지 진심 ♦ 피곤한 덤덤

**308 관계가 고민인 사람에게,
좋은 비가 내리는 집으로부터** ♦ 변유정

 **노윤주** *@nonan.roh*
세 번 퇴사하고 네 번 입사한 17년 차 프로 직장인.
카피라이터 9년, AP 8년 경력의 광고대행사 고인 물.

우리가 친애하는 농도로 많게 나이를 먹는다면

A는 지금까지도 내가 먹다 남은 홍시 껍질처럼 눅눅해져 있을 때면 어김없이 입을 연다.

"그때 나한테 그런 말 해줬잖아. 그래서 내가 힘을 냈잖아. 기억하지?"

받았던 작은 말을 꽃으로 키워 돌려주는 사람. 그 향긋한 말이 매번 나를

다시 제자리로 돌아갈 수 있게 만든다.

우리가 친애하는 동료로
함께 나이를 먹는다면

어제는 숲을 걸으며 '나의 롤모델은 어떤 사람인가'에 관해
생각해보았다. 저울 위 600g의 등심처럼 한 근으로 딱 떨어지지는
않았지만 정의로운 사람이면 좋겠다는 것부터 시작했다.
정의롭기만 하고 일 못하는 사람을 일터에서 존경하기란
고통스러운 일이니까 328g의 정의로움에 155g의 일머리라는 살을
붙였고 유머를 124g 얹어보았다. 볕이 너무 좋아서 미처 생각하지
못한 무언가도 있을 것 같은데, 그렇게 더하다 보면 저울 속 숫자는
어느새 600g을 훌쩍 넘어서 내가 살 수 없는 등심이 되어버리겠지.

회사생활에서 이런 황금 조합의 사람을 만나보았냐고 묻는다면 당연하게도 그러지 못했다. 롤모델이라는 것은 직장계의 유니콘, 누군가는 만나보았다 말하지만 나에게는 좀처럼 나타나지 않는 존재이기 때문이다.

연차가 올라가면서 롤모델에 대한 갈망이나 롤모델과 일하는 누군가에 대한 질투에서 조금은 벗어났다. 포기했다기보다는 사람이라는 불완전한 존재에게 완벽한 신을 기대하는 것이 불가능할뿐더러 바람직한 일도 아니라고 납득했기 때문이다. 그 대신 그 자리에 정다운 동료들을 뒀다. 이리 치이고 저리 쓸리며 나아갈 때마다 나의 앞과 옆에서 함께 걸어줬던 사람들. 완벽한 한 명은 아니더라도 완벽한 타이밍에 나타나 준 사람들. 그들이 내게 준 소중한 조각들을 꿰매고 이어 정의롭고 일 잘하고 유쾌한 나만의 롤모델을 탄생시킨다.

첫 번째 조각

신입사원 시절, 애써 들어간 회사를 2년 만에 퇴사하겠다고 어렵게 말을 꺼냈을 때 본부장님이 술을 한잔하자고 하셨다. 나를 뽑아준 분이었기 때문에 죄송한 마음이 들어 긴장이 됐다. 내가 가고 싶은 곳으로 가자고 하시기에 친구들과 자주 가던 홍대 뒷골목의 작은 술집으로 가서 테이블 앞에 나란히 앉았다. 둘이서만 술을 마신 건 처음이었다. 무거운 마음으로 앉은 자리였지만 이야기는 의외로 재미있었다. 본부장님이 어떻게 카피라이터가 됐는지, 무엇이 좋았고 무엇이 힘들었는지, 나보다 이십 년 많은 경력의 대선배가 탄 직장 곡예를 듣다 보니 퇴사를 하면 본부장님과 더는 이런 대화를 나눌 수 없다는 것이 아쉬울 지경이었다. 아니, 퇴사를 말했기 때문에 그런 대화를 할 수 있었을까? 세월이 많이 흘러 이제는 많은 이야기가 가물가물하지만 본부장님의 마지막 말은 아직도 생생하다.

✎─── 떠나는 사람은 남은 사람에게 모욕감을 줘서는 안 돼.

어리둥절한 말이었다. 당시의 나로 말할 거 같으면 또래가 없는 사내 최연소 직원이자 스치는 바람에도 고개를 숙이던 최말단 사원으로서 내 몸의 7할이 회사생활에서 받은 모욕감으로 찰랑거릴 때였기 때문이다. 이런 나의 퇴사가 어떻게 그들에게 모욕감을 줄 수가 있지? 하지만 집에 돌아와 깜깜한 방에 누워 생각해보니 집단에서의 탈출이란 남은 이들에게 일종의 모욕을 줄 수 있는 일이었다. 누군가는 버린 장소에 남아야 하는 불안감. 누군가는 박차고 나갈 때 앉아 있다는 무력감. 누군가는 도착할 세계에 가보지 못한다는 박탈감. 지금은 내가 줄 불편함이지만 언젠가는 내가 받을 감정이었다. 거기까지 생각이 닿으니 동료들에게 퇴사 소식을 어떻게 말해야 할지 고민이 됐다. 나의 빈자리에 못다 한 업무들은 남겠지만 적어도 모욕감은 남지 않기를 바라는 마음으로 말을 다듬었다.

그 후 본부장님과 다시 술을 마실 기회는 오지 않았지만 이 말은 퇴사할 때마다 나를 찾아온다. 퇴사마다 떠나고 싶은 이유는 달랐어도 떠나고 싶은 방법은 언제나 똑같았다. 떠나는 사람이 품어야 할 자세를 배운 덕분에 더 나은 뒷모습을 보일 수 있게 되었다.

두 번째 조각

새로운 팀에 발령이 났을 때 우리는 모두 초짜였다. 팀장님은 이제 막 팀장을 단 새내기였고 나는 이제 막 시니어 딱지를 붙인 8년 차 카피라이터였다. 신생팀이라는 이유로 우리에게는 많은 일이 테스트처럼 쏟아졌다. 어떤 일은 새로 생긴 팀이니까 잘해야 하는 일이었고 어떤 일은 새로 생긴 팀임에도 불구하고 잘해야 하는 일이었다. 그래서 우리는 어쩔 수 없이 많은 밤을 새웠다. 회의를 거듭하고 수정에 치이며, 함께 구르고 따로 우는 밤들을 보냈다. 한 번은 죽어가는 맥주 브랜드를 살리는 일을 하게 됐는데, 과제는 이 맥주의 맛을 한마디의 의성어로 표현하는 것이라고 했다. 그때부터 삼 주 동안 우리 팀 회의실 벽은 온갖 단말마로

도배되었다. 캇! 헙! 콱! 슝! 훕! 벽과 함께 우리도 곡소리를 냈다. 수많은 회의 끝에도 답을 찾지 못한 채 리뷰(광고주에게 프레젠테이션하기 전, 사내에서 아이디어 검수를 받는 회의)를 하루 앞둔 날, 나는 버렸던 카피 중 하나를 살리자고 말했다. 의성어가 아니라 그냥 한 줄의 카피였다. 광고주 과제를 해결하지 못하기 때문에 버렸던 안이었는데, 이상하게도 이 곡성의 늪에서 살아나가는 방법은 이 안밖에 없다는 확신이 들었다. 밤을 새우며 한 시간에 한 번씩 저 카피를 가져가자고 우겼더니 팀장님이 '얘가 왜 이러나?' 하는 표정으로 그럼 한번 가져가 보자고 했다. 아침이 밝아오고 초췌한 팀장님과 꾀죄죄한 내가 대회의실로 향했다. 으리으리한 방에 대표와 임원들이 깨끗하고 멋진 옷을 입고 앉아 있었다. 팀장님이 발표를 시작하고 나는 옆에서 숨을 죽였다. 의성어 향연 뒤에 드디어 내가 고집했던 카피가 나왔다. 임원들이 일제히 고개를 갸웃하며 이건 과제도 아니고 별로 좋지도 않은데 왜 가져왔냐는 질문을 던졌다. 조도를 낮춘 대회의실 안에서 내 얼굴이 순식간에 빨개졌다. 우리 팀 회의실에서는 분명 괜찮아 보였는데, 여기에서 보니까 내가 봐도 아닌 것 같았다. 팀장님한테 미안하고 창피해서 조용히 한숨을 내쉬는데 팀장님이 숨을 훅하고 들이쉬며

답했다. "저는 이 카피가 정말 좋아서 가져오자고 우겼습니다.
의성어 안들 다음에 넣으면 밸런스가 좋을 거 같아요."
리뷰를 마치고 엘리베이터에 타자마자 팀장님이 바람 빠진
풍선처럼 벽에 기대며 말했다.

✎ ──── 네가 좋다는 안, 나 진짜 열심히 팔았다.

그때 그 안이 리뷰를 통과했는지 그래서 광고주 보고에
가져갔는지는 잘 기억이 나지 않는다. 다만 눌러쓴 야구모자
밑으로 팀장님의 부르튼 입술에서 나왔던 목소리를 기억한다.
그것은 나를 위한 목소리였다. 목소리가 없는 나를 대신해서
세상에 힘껏 던져준 공이었다. 회사생활을 하다 보면 힘세고
얄팍한 사람들을 안 만날 수 없다. 그 앞에서 한마디 하는 것이
힘들어서 가슴이 턱턱 막힌다. 그럴 때는 그 목소리를 생각한다.
좋은 말을 들었던 내가 나쁜 말을 들은 나를 일으킨다. 우리의
목소리를 낼 힘을 얻는다.

세 번째 조각

반복해서 들어도 질리지 않는 이야기가 하나 있다. 이직한 지 일
년 정도 됐을 때였다. 그때 우리 팀은 좀 어수선했다. 좋은 말로

어수선했다는 말이지 맡은 일의 양부터 팀워크까지 삐걱대는 게 한둘이 아니었다. 그러던 어느 날, 육아휴직 중이던 A가 내가 속한 팀으로 복직한다는 소식을 들었다. 일 많고 갑갑한 팀에 내 또래의, 거기다 일도 잘하는 우수 인력이 온다고 하니 어둑한 골목에 가로등 하나가 반짝 켜지는 것 같았다. 출근 첫날, 팀 분위기는 어떠냐고 걱정스레 묻는 A에게 나는 희망 주사를 슬쩍 놓았다.
"꽤 힘들었는데 이제 많이 안정됐어요. 호시절에 오시는 거예요."
이것은 뻥이라기보다는 의지였달까. 희망을 향해 노를 젓고 싶었던 나의 마음이었다.

A는 1년여의 휴직이 무색할 정도로 빠르게 일에 적응해 갔지만 가끔은 집에 두고 온 아기 생각에 마음이 번잡한 듯했다. 전화 통화를 하고 돌아와 자리에 앉으면 한동안 키보드 소리가 들리지 않았다. A가 복직한 지 열흘이 채 되지 않았을 때 성격이 상당히 급했던 당시의 팀장이 A와 나를 불렀다. 여러 가지 진행되고 있는 일에 대해 질문을 하다가 갑자기 A는 일하는 데 문제가 없냐 물었다. 그전까지 팀장이 무슨 질문을 하든 막힘없이 대답하던 A가 입을 다물었다. 다른 안건은 잘 모르겠지만 그것만큼은 내가 대답할 수 있겠길래 A를 대신해서 말했다. "A의 업무능력은 걱정할 것이 전혀 없고, 복직한 지 얼마 안 돼서 혹시 좀 정신이 없다면 그게 안정되는 것도 시간문제라 생각해요." 그날 이후로도 여전히

어수선하고 갑갑한 팀에서 함께 고군분투하며 서로의 불평불만에
공감하는 동료가 되었을 때 A가 문득 그때의 이야기를 꺼냈다.
자신에게 확신이 없던 시기에 확신에 찬 목소리로 말해줘서
고마웠다고. 동료한테 이렇게까지 직접적으로 감사 표현이나
칭찬을 들은 것이 처음이라 겸연쩍었는데 듣다 보니 점점 기분이
좋아지는 것이 아닌가. A의 말은 거듭될수록 살이 붙어서
그 이야기 속에서 나는 퍽 멋있는 사람이 된 것 같았다. 이렇게
멋있는 사람이면 눈앞에 일어나고 있는 사소한 일들 정도는
이겨내야 하는 것이 아닌가 하는 괜한 자신감마저 생겼다.
A는 지금까지도 내가 먹다 남은 홍시 껍질처럼 눅눅해져 있을
때면 어김없이 입을 연다.

─────── 그때 나한테 그런 말 해줬잖아. 그래서 내가 힘을 냈잖아.
기억하지?

받았던 작은 말을 꽃으로 키워 돌려주는 사람. 그 향긋한 말이 매번
나를 다시 제자리로 돌아갈 수 있게 만든다.

네 번째 조각

인턴이 새로 왔다. 신경이 잔뜩 쓰이는 프로젝트의 막바지였기

때문에 도움을 주는 손이 하나 늘었다는 것만으로도 기뻤다. 씩씩하고 의욕에 찬 대학생이었다. 회의를 하나 마치고 둘이 점심을 먹고 돌아오는데 뭔가 회사생활에 도움 되는 이야기를 해야 할 것만 같아서, AE는 어떤 일을 하고 AP는 어떻고 등등 광고대행사 직업군에 대한 이야기를 늘어놓다가 정신을 차려보니 안 해도 될 말을 지껄이고 있었다. "그런데 다 힘들지 뭐. 아까 회의시간에 사람들 표정 봤지? 일이 많으니 다들 지쳐서…" 나의 넋 나간 넋두리를 고개를 끄덕이며 듣던 인턴이 "하하하" 하고 웃었다. 지금 웃음이 납니까… 싶어서 옆을 봤더니 인턴이 나를 쳐다보며 말했다.

━━━━ 멋있는 일은 다 힘든 거 같아요.

멍해져서 입을 다물었다. 내가 하는 일이 멋있는 일이라고 말하는 사람을 오랜만에 봤다. 나는 언제 그렇게 말해봤는지 생각이 나지 않았다. 그러고 보니 나도 신입사원 때 겨우겨우 힘들게 입사를 했건만 선배들이 "한 살이라도 어릴 때 다른 일 알아봐", "이렇게 험한 일 말고 좋은 거 많잖아"라고 말할 때마다 힘이 뚝뚝 떨어졌던 거는 내 직업이 정말 험하고 후져서가 아니라 나와 함께 일하는 사람들이 그런 생각을 하고 있는 것이 맥 빠져서였다.

그로부터 십여 년 후, 똑같이 맥 빠지는 말을 늘어놓는 고인 물이 된 나는 입사한 지 일주일 된 인턴의 말에 위로받았다. "멋진 일이라서 힘든 거지! 자, 힘내자!"라고 팀장이 말했다면 '소름 돋아… 너무 무서워…' 했을 텐데, 인턴한테 들으니까 이상하게 힘이 났다. 이 일을 시작하려는 사람들이 이 일을 멋지게 생각하는 마음을 지키는 것이 경력자들이 할 일 아닌가!

인턴은 3개월의 근무 기간을 마치고 다시 학교로 돌아갔지만 한 가지를 남겨줬다. 일은 멋있지 않다. 그 일을 하는 사람들이 멋있게 만들 뿐이다.

다섯 번째, 여섯 번째, 일곱 번째 조각

팀장이 되었다. 자리가 창가로 옮겨졌고, 팀원들이 모두 왼쪽을 향해 앉아 일할 때 나는 팀원들을 바라보며 일한다. 딱 이만큼의 거리감 때문에 팀장이 되는 것이 싫었다. 평가하는 사람의 입장이 되어 팀원들에게 평가받는 것이, 내가 헷갈릴 때 팀 전체를 헷갈리게 할 수 있다는 것이, 목소리를 내야 하는 순간에 목소리가 나오지 않을까 봐 두려웠다.

직장 생활 처음으로 매니저가 된다는 것은 별것이 아니면서도 별것인 일이었다. 어떤 때는 이만하면 잘하고 있는 게 아닌가 우쭐하다가도 예고 없이 별일이 연달아 터질 때는 애초에 이것이 잘할 수 있는 일이기는 한가 움츠러들었다. 어떤 날에는 괜한 성취감에 몇 년 정도는 더 할 수 있겠네 싶다가도 어떤 날에는 지금 때려치우는 게 가장 전략적인 결정일 거라는 마음이 든다. 그럴 때면 고개를 돌려 나와 같은 방향으로 각자의 팀원들을 보고 있는 동료들을 바라본다. 회의와 회의 사이, 잠깐 시간이 되냐는 말로 붙잡아 하소연하고 잠깐 시간이 되냐는 말로 붙들려 하소연을 듣는다. 어떤 날은 B를 앞에 두고 "내가 우스워? 내가 우스워서 다들 내 말을 무시하냐고!"를 외치고, 어떤 날은 C를 붙잡고 "어떡해요. 저 진짜 망했어요"를 털어놓는다. 벌겋게 상기된 얼굴로 D의 방에 들어가서 "저, 할 말 있어요"라며 배를 깐다. 그러면 B가 "누가 너를 싫어하겠어"라는 말로 언저리에서 쭈뼛거리는 내 등을 툭 쳐 가운데로 밀어 넣는다. 솜이불을 끌어안고 누워 있는 밤에는 C가 "나는 네가 힘들지 않았으면 좋겠다"라는 문자로 눈물 콧물을 뺀다. D가 "그만 생각해. 이제 그건 내 몫이야"라며 줄줄 흘러내리는 내 짐보따리를 뺏어간다.

회사를 다닐 만큼 다니면 힘들 것이 별로 없을 거라 생각했는데, 회사를 다닐 만큼 다녔더니 힘든 일은 여전하지만 종이 한 장보다 가볍게 떠들고도 뒤돌아 걱정 한 줌 하지 않아도 되는 사람들이 생겼다. 그 틈에서 자매애라 부르고 싶은 어떤 의리와 응원을 주고받는다. 회사에서 나이를 먹어 불편한 것은 몸보다 마음이라는 것을 알게 되었지만, 동료들과 함께 나이를 먹은 덕분에 관계라는 뜨거운 힘이 생겼다.

뿌연 날들 사이에서 반짝이는 조각들을 내 손으로 고르고 모은다. 오직 꾸준함만이 수집의 질을 높인다고 믿는다. 그래서 나는 더 많은 동료가 오래도록 함께 일을 했으면 좋겠다. 각자의 자리에서 헤매다가 함께 길을 찾으면 좋겠다. "내가 팀장을 해봤더니"라고 시작하는 말에 "너만 팀장 해봤냐" 하며 자신의 경험담을 보태는 동료들이 많으면 좋겠고, 내가 고민을 다 말하기도 전에 '그거 나도 너무 잘 알지'라는 눈빛을 서로 주고받으면 좋겠다. 그러다 내 옆에서 술을 마시던 누군가가 "임원 되면 또 달라" 하며 툭 치고 들어오는 이야기를 듣고 싶고, "대표 되면 어떤 줄 알아요?"로 시작되는 이야기를 더 많은 동료의 입으로 듣고 싶다. 내가 그랬던 것처럼 "팀장 되기 싫어요. 겁나요"라고 말하는 후배보다 "팀장 되면 뭐가 좋아요?"라고 질문하는 후배들이 더 많아졌으면 좋겠다. 함께 넘어지고 함께 일어나서 함께 한 계단 위로 올라가는 것이 당연해서 우리가 서로에게 당연하게 힘이 될 날들을 기대한다. 친애하는 나의 동료들이 내게 해줬던 것처럼 나도 당신들에게, 내 앞에서 무너지고 남들 앞에서 허리를 곧게 펴라고 말해주고 싶다. 그러니 우리, 이곳에서 함께 나이를 먹자. fin.

302

백은하 @unabeck / @una_labo

'백은하 배우연구소' 소장 겸 영화 저널리스트. 「씨네21」 기자, 「매거진t」, 「10 아시아」 편집장을 거쳐 올레tv 〈무비스타 소셜클럽〉을 진행했다. 부산국제영화제와 부천국제판타스틱영화제, 서울환경영화제, 백상예술대상 영화부문 등의 심사위원을 역임했다. KBS 1Radio 〈백은하의 영화관 정여울의 도서관〉을 진행 중이다. 저서로는 『배우 이병헌』(백은하 배우연구소, 2020), 『우리시대 한국배우』(해나무, 2004), 『안녕 뉴욕: 영화와 함께한 408일』(씨네21, 2006) 등이 있다.

정다운 @daundan

IT 기획자로 7년간 네이버에서 일하다 퇴사 후 프리랜서 작가로 산 지 7년 차. 남미 여행기 『우리는 시간이 아주 많아서』(중앙북스, 2015), 제주도민 인터뷰집 『제주에서 뭐 하고 살지?』(남해의봄날, 2015), 바르셀로나 생활기 『바르셀로나, 지금이 좋아』(중앙북스, 2017) 등을 썼으며 매거진 「AROUND」에 7년째 연재 중이다. 작가라는 직업을 가능한 한 오래오래 가지고 사는 것이 목표.

'내가 사랑하는 것을 계속 사랑할 수 있는 방법'

을 찾은 사람

잘난 척이나 과도한 자기애와는 달라요. 나를 토닥거려주는 마음 같은 걸 가지는 거예요. '아이구 백은하야, 지금 마흔 넘어가지고 논문을 다 썼어.' 스스로를 칭찬하는 거죠. 남이 인정해주지 않아도 나는 알거든요. 내가 고생했다는 걸. 책 쓸 때도 그랬어요. 많이 팔리면 좋지만 그게 아니더라도, 저는 이 액톨로지 책만 봐도 되게 좋아요. '올해를 이렇게 보냈구나' 하는 마음. 요즘이 일하고 나서 가장 활기 있는 시기인 거 같아요. 불안한 시기도 있었거든요.

내가 사랑하는 걸
계속 사랑할 수 있는 방법을
찾은 사람

백은하 소장과 나는 네이버 본사 건물이 있는 분당에서 처음 일로 만났다. 그다음에 만난 곳은 홍대 앞 카페였고, 그다음은 내가 살던 스페인 바르셀로나의 해변, 백은하 소장이 살던 영국 런던의 기숙사, 서울 부암동의 백은하 배우연구소, 내가 지금 살고 있는 제주도의 세화해수욕장… 서로 사는 곳을 오가며 우리는 10년 넘게 알고 지냈다.

오늘 우리는 또 한 번 일로 만나기로 했고, 그는 나에게 서촌에 있는 단골 식당에서 만나자고 했다. 무척 가보고 싶었던 그 식당의 이름을 듣는 순간 이미 설레기 시작했다. 식당까지 가는 길을 검색했더니 지하철을 두 번 갈아타고 3호선 경복궁역에서 내리면 된다고 한다. 약속 시간은 오후 한 시였지만 일찌감치 일어나 서둘러 씻고 출발했다. 미리 가서 딱히 할 일이 있는 건 아니었다. 제주에 살기 시작하면서 통 가보지 못한 경복궁 옆 서촌을 오랜만에 걸어야겠다고 생각했다.

모처럼 볕도 공기도 좋던 날에, 경복궁역에 내려, 서촌을 조금 걷다가 경복궁에 들어갔다. 내 돈으로 입장권을 끊고 우리나라 궁에 들어간 건 처음인 것 같았다. 세월이 쌓인 공간 사이를 천천히 걷다 돌아나와 카페에 들어가 앉았다. 아직도 시간이 조금 남았다. 좋아하는 사람을 만나러 온 서촌을 누비는 마음이 설레서 나는 히죽히죽 웃었다.

그러다 자연스럽게 백은하 소장에 대해 생각했다. 좋은 계절의 중심에 서촌에서 만나자고 하는 사람. 내가 어느 봄 바르셀로나에서 친구에게 노란 꽃이 가득한 산펠립네리 광장에서 만나자고 한 것과 같은 마음이었을지. 우리는 오늘 분명 일로 만나지만, 나는 사적인 즐거움으로 달떠 있었다.

그가 바르셀로나에 왔을 때 나는 그가 좋아할 빈티지 옷가게,

레스토랑, 해변으로 그의 손을 끌고 부지런히 걸었고, 내가 런던에 갔을 때 그는 나에게 꽃시장, 근처 공원, 좋은 카페를 꼼꼼하게 알려주었다. 다른 이의 여행과 일상을 살피는 마음. 밥 한 끼, 커피 한 잔에도 마음을 담는 사이. 여기까지는 백은하 소장을 만나기 전 카페에서 썼다. 만나기도 전에 마음이 따뜻해져 글을 쓰게 만든 사람. 일로 만난 백은하 소장과 나의 관계가 긴 시간 이어질 수 있었던 건 바로 이런 것 때문이 아닐까.

우리는 마주 앉아 세상에서 가장 맛있는 파스타를 나눠 먹었다. 셰프님이 다정하게 인사를 건네며 음료를 한 잔씩 내어주었다. 백은하 소장은 오전에 파주에 가서 출판물 유통업체와 온라인 서점 담당자들을 만나고 왔다고 했다. 혼자 연구소 겸 출판사를 건사하게 되었기에 필요한 일이었다. 이전에 약속을 잡기 위해 백은하 소장에게 연락했을 때 그는 도통 외출을 하지 않고 집에서만 머물며 글을 쓰고 있다고 했다. 집에서 글을 쓰는 백은하와, 새로운 분야의 사람들을 만나는 백은하, 그리고 배우를 만나고 연구하는 백은하는 같은 사람이다. 만날 때마다 근황이 궁금해지는 사람. 그와 오랜만에 일로 만나 이야기를 시작했다.

❓ 정말 많은 호칭을 가지셨죠?

기자님, 소장님, 대표님, 선배님, 은하 씨.

❕ **뭐라고 불리는 게 좋아요?**

부산 사는 제 동생이 갑자기 저한테 서울말 쓰면 이상한 것처럼, 사람마다 우리가 관계 맺었을 때 처음 불렀던 방식이 좋아요.

❕ **음, 저는 편집장님이라고 불렀어요.**

처음 관계 맺은 방식으로 불리는 건 통째로 하나의 닉네임 같은 거죠. '백은하 편집장님'.

❕ **'정다운 대리'라고 불러주실래요?**

다운 씨라고 하지 않았나요? 네이버는 수평적 구조를 지향한다고 이름 불렀던 거 같아요. 인쇄소나 제작처 분들은 '대표님' 이렇게 불러요. 그래서 누가 나를 '대표님'이라고 부르면 아 출판 관련 사람이구나 하는 거죠. '은하야' 부르면 친구 같고. '은하 씨' 부르면 약간의 거리감이 있는 일로 만난 사람 같고. 여러 부캐를 가진 느낌이에요. 회사로 치면 '소장'이 맞고. 직업으로 치면 '배우 연구자'가 맞습니다. 하지만 주변에 있는 사람이 저를 뭐라고 부르든 상관없어요.

❕ **백은하 배우연구소 소장으로서 글 쓰고, 섭외하고,**

마케팅하고, 택배 포장하고, 연구소 운영하는 이 일들을 모두 도맡고 계시지요. 혼자 일하는 거 괜찮으세요?

항상 하는 이야기가 있어요. 제가 지향하는 건 '아름다운 용역관계'라고요. 프로페셔널한 사람들 간의 만남이요. 일단 저부터 누군가에게 가치 있는 동업자가 되었으면 좋겠다는 마음이 있어요. 서로 믿고 찾는 사이가 되는 거죠. 그래서 회사를 혼자 운영한다기보다 전 세계와 함께 일한다고 생각합니다. 누구든 나의 파트너가 될 수 있는 상태로요.

회사라는 곳을 운영하는 일이 결국 사람을 책임지는 일이라 저는 그걸 안 하기로 했어요. 모든 각각이 각각을 책임지면서, 자기 것 잘하면서 살면 좋겠어요. 물론 어떤 사람은 혼자 일하다가 함께 일할 공간을 만들고 여럿이 모여 시너지를 만들며 일을 할 수도 있죠. 그것도 괜찮겠죠? 하지만 저라는 사람은 모든 사람이 섞여서 치열하게 일하는 잡지사를 다니고, 편집장을 맡아 후배들과 함께 콘텐츠를 만드는 시간을 보내다 보니 온전히 내 일에 집중하고 싶다는 마음이 되게 많이 들었어요. 만약 내가 월급을 줘야 할 직원이 있다면? 게다가 지금 코로나 시국이 닥쳤잖아요. 그럼 부지런히 돈을 벌 수 있는 다른 일들을 찾았을 거예요. 그런데 그러지 않아도 되잖아요. 혼자를 책임지며, 빚지지 않고 내가 하고 싶은 일에만 집중할 수 있는 이 삶이 주는 단순함이 참 좋아요.
「매거진t」 편집장 할 때도 이게 망하면 후배들 직장이 사라지니까
외주 줄 회사 찾아가서 필사적으로 일 받아오는 상황을 참아야
하는 게 힘들었어요. 사람이 인생에서 고생을 안 할 수 있다면 안
하는 게 좋다고 생각해요. 만약에 피할 수 없는 고생을 닥친다면
그걸 어떻게 극복할지가 중요하지만요. 나한테도 시련이 온다면
그건 극복해 나가야 하는 거고, 미리 '나는 고생을 좀 더 해야
성장하지. 파도야 쳐다오' 하는 생각은 없어요.

안 그래도 고생은 오니까요.

'각자를 책임지며 잘 살다 보면 우리 서로 연대하는 순간이
오겠지?' 하는 생각을 합니다. 꼭 한 지붕 아래 살아야 한다고
생각하지 않아요. 그렇게 생각이 바뀌었어요. 이십 대
후반부터 편집장 맡아 후배들 이끌면서 스스로가 너무
조로한 느낌이었거든요. 서른 몇 살에 경영 악화로
「매거진t」 나와야 했을 때 〈굿모닝 에브리원〉 보며
그렇게 울었어요. 해리슨 포드가 전설의 앵커로 나오는
영화예요. 방송국에서 불편하니까 안 써주는 거예요.
까다로운 사람이라고 생각하고요. 〈인턴〉 보면서도 앤 해서웨이가
아니라 로버트 드 니로한테 감정 이입이 됐어요. 은퇴하는 사람들,

사회에서 내 쓸모가 사라진 사람들 이야기만 나오면 울었어요. 왜냐하면 편집장까지 하고 나면 이 판에서 실무 잡을 데가 별로 없어요. 제가 갑자기 「씨네21」에 다시 들어가서 '후배로 일 열심히 해볼게' 그러긴 어렵잖아요. 경향신문에서 1년 일한 이유도 오래된 미디어사에 들어가면 내가 좀 어리겠지 하는 생각에서였어요. 기대랑은 달랐지만요. 아무튼 그만큼 저는 절실하게 현역으로 일하고 싶은 마음이 있었죠.

♀ 어떤 사람에겐 빨리 성취한 사람으로 보여지기도 할 거예요.

그럴 수 있죠. 책 『배우 이병헌』을 쓰면서 그런 생각을 했어요. 이병헌은 한때 불타는 청춘이었던 배우가 아니라 지금 가장 뜨거운 현역으로 있죠. 그 부분이 부러웠어요. 나라는 사람이 해왔고, 할 수 있고, 평생 해도 지겹지 않은 걸 찾고 싶은 거죠. 좋은 것만 하겠다는 뜻이 아니라, 〈카모메 식당〉에도 나오는 이야기인데 '하기 싫은 걸 하지 않는 거. 그 자유'만 있으면 돼요. 하기 싫은 것만 안 해도 얼마나 좋은데요.

♀ 맞아요. 저도 회사 그만두고 제일 좋은 게 보고 싶지 않은 사람 안 봐도 되는 거였어요.

보고 싶지 않은 사람 안 봐도 되고, 하기 싫은 일은 안 해도 되고. 그런 조금의 차이가 결과에 나타나는 건 되게 커요. '연구소니까 연구원도 둬야지?' 하는 얘기도 듣곤 해요. 그런데 아직까지 제가 너무 초보 연구원이에요. 영화와 배우를 둘러싼 경험은 풍부하지만 연구로 치면 초기 단계입니다. 일단은 훈민정음부터 만들고 생각해야죠. 배우 연구에 있어서는 흔한 용어의 정리도 안 되어 있어요. 제가 쓴 『넥스트 액터』 시리즈에 나오는 '비트(beat)'라는 연기의 단위도 나름의 정의를 내려가며 쓰고 있고, '액톨로지(Actorology, 배우학)'도 제가 만든 용어예요. 만들고 자주 쓰다 보면 어느 순간 이해될 거라고 생각해요. 아기 이름 지어주는 거랑 비슷하게 느껴지네요. '내가 지은 이름으로 평생을 산다고?' 싶은 거죠. 지금은 갓 태어난 '액톨로지'이지만 10년, 20년 쌓으면 학문이 될 수 있지 않을까 생각해요.

> 제가 소설가 정세랑을 정말 좋아해요. 매 작품 좋았지만 2020년 나온 『시선으로부터』를 읽고 '아, 이 사람 이제 거장의 길을 가는구나. 역사에 남을 사람이 되었어' 하는 생각을 했거든요. 이번에는 그냥

◉ **비트** 연기 목적을 달성하는 조각. 영화의 컷, 신, 시퀀스처럼 배우의 연기 시작점부터 끝점까지를 비트라는 단위로 본다.

좋은 것을 넘어서는 무엇이 있었어요. 그리고 『배우 이병헌』을 보며 같은 생각을 했어요. 어, 이 사람 '끕'이 달라졌구나! 교과서에 실리겠는데! (웃음)

아, 설마요. 그저 제가 하던 걸 계속 더 잘하고 싶어요. 저는 영화기자라는 우리 직업이 없어지는 중인 직업 같아요. 더 이상 시계를 수리하지 않는 시대의 시계 수리공 같달까요? 누군가는 계속 이 일을 하겠지만요. 영화기자, 필름 저널리스트라는 이름을 가지고 있는 사람들은 과거의 시스템이 만들어놨던 곳에서 탄생해서 그 직업을 유지하고 있는 사람이에요. 새로 등장한 사람이 별로 없어요. 개인의 능력이 없어서가 아니라, 이 시장이 그렇게 매력적인 시장이 아니라는 거예요. 유튜브나 웹툰처럼 커지는 시장이면 사람들이 온단 말이죠. 후배들이 그 길을 갈 수 있느냐는 직업의 미래와 연결이 되어 있는데 과연 영화기자의 미래라는 것이 어디까지일까 싶어요. 영화기자들이 자주 진행하는 '관객과의 대화'만 해도 코로나 이후 거의 사라졌지요. 그렇다면 나는 죽어버린 시장 위에 서서 '나는 아직 살아 있다'라고 알리는 일을 할 것인가, 아니면 내가 원래 해왔던 일들을 꾸준히 할 수 있는 다른 방식을 찾을 것인가에 대한 고민을 계속 했던 거 같아요. '끕'이 달라졌다고 했죠? 저 스스로도 '업그레이드' 되고 싶은 부분이 있어요. 알려진 영화기자라는 영예를 가지고 방송

출연하고 어디 가면 누가 알아보고 그런 게 아니라, 나라는 사람 자체를 다른 방식으로 다음 단계에 올리고 싶은 마음이 있어요. 그런 마음 모든 사람에게 있잖아요. 그걸 누가 인정을 해주면 고마운 거고요.

다른 건 모르겠고, 저라는 사람만이 쓸 수 있는 것이 분명 있다고 생각해요. 잘난 척이거나 혹은 자만심이 아니라, 알고 있는 거예요. 시간이 이만큼 흘렀고 다양한 매체들을 거쳐왔고 그렇기 때문에 제 눈으로 동시대에 목격한 것들이 있어요. 그 과정에서 만들어진 게 '인사이트'라고 생각하거든요. 정보가 아주 많은 시대잖아요. '이병헌'이라는 단어를 쳤을 때 나오는 그 많은 정보들을 인사이트를 가지고 해석할 수 있는 건 몇몇의 사람들만 할 수 있는 거라고 생각해요.

'액톨로지' 시리즈의 첫 배우는 왜 이병헌이었나요?

이병헌이라는 데뷔 30주년 맞이한 배우에 대한 책을 썼지만, 이 책은 사실 30년 엔터테인먼트사(史)예요. KBS 공채 탤런트였던 사람이 어떻게 할리우드에 갈 수 있었을까요. 그게 한국의 변화예요. 그런 것들이 이병헌이라는 사람을 통해서 볼 수 있는 시대의 변화이고 우리가 그런 부분을 읽어줘야 한다고 생각해요. 대한민국은 세대, 전체를 얘기하고 그 안의 일부를

카테고리로 묶어서 얘기하는 걸 좋아해요. '한국을 빛낸 창의성 있는 인재 10명' 하는 식으로요. 그러다 보면 빠트리는 부분이 있어요. 만약「매거진t」를 계속했다면 유재석 책도 냈을 거고, '한국 뮤지션 연구소'를 했다면 이효리 책, 아이유 책도 냈을 거예요. 무엇보다 저는 이 '액톨로지 시리즈'가 어린 배우들의 지향점이나 목표가 되는 책이 될 수 있다면 너무 좋겠어요. 예전에 배우들 사이에서 씨네21 표지 모델 하는 게 소원이던 때가 있었거든요. 그런 권위와 영광이 되는 시리즈로 자리 잡고 싶어요. '네가 뭔데 권위를 줘?'라고 한다면, 사실은 그 권위를 이 시리즈를 통해서 같이 만들고 싶은 거고요. 저 스스로도 그렇게 발전하는 거라고 생각해요. '나는 이 정도 선에 있으니까 너희를 리뷰해줄게'라는 게 아니라 '저 좀 키워주세요. 같이 큽시다'인 거예요.
『배우 이병헌』 서문에도 썼지만 산이 있기 때문에 오르는 거예요. 배우가 없다면 아예 못 하는 일입니다. 만일 20년 전에 이런 기획을 했다면 연구할 수 있는 국내 배우는 박중훈, 한석규, 안성기 정도였을 거예요. 지금은 쓸 수 있는 배우가 너무 많아졌잖아요. 그 시기가 왔어요. 이제 적어도 누군가는 잘 쌓아야 하지 않나 하는 생각을 하게 된 거죠.

'배우에 대한 책을 내는 것만큼 조만간 바보가 되기 쉬운 일도 없다'라고 쓰셨어요.

말론 브란도 같은 돌아가신 배우면 좀 편해요. 이 사람은 다음 영화를 찍을 게 없잖아요? 당장 '박정민 책'이나 '고아성 책'만 해도 재쇄 찍을 때마다 신작을 추가하고 있어요. 다음에 어떤 행보를 보일지 저도 함께하는 마음이에요.

'넥스트 액터' 시리즈의 첫 배우 박정민은 저에게 "저는 소장님의 '실험쥐' 아닙니까"라고 얘기해요. 두 번째 배우 고아성은 이미 출간된 '박정민 책'이 있어서 오케이받기 수월했죠. 백날 앉아가지고 '내가 만들려는 책이 말이야, 인터뷰도 들어가고 캐릭터에 대한 소개도 들어가고' 그러면 무슨 말인지 몰라요. 책이 나와야 어떤 책인지 아는 거예요. '박정민 책'에 '고아성 책'까지 나오니까 아 백은하가 '넥스트 액터 시리즈'로 이걸 하려는 거구나 알게 되는 거죠. 밭이 없는 데서는 내가 밭을 가는 수밖에요. 완전 첫 밭을 갈아서 씨 뿌리는 것부터 시작하고 있어요.

한국 영화에 관련된 책이라고 하면 제일 먼저 '박찬욱 책' '봉준호 책'을 떠올릴지 몰라요. 영화의 중심은 김독이라고 생각하지만, 실제로 배우들의 역할이 되게 큽니다. 만약에 〈광해〉를 다른 배우가 했다면 전혀 다른 느낌이었을 거예요. 그런 배우의 역할과 가치를 누군가는 평가해줘야 해요. 배우들의 가치를 자기 스스로 이야기할 수 없을 때 옆에서 그 가치에 대해 무조건적인 찬사나 민망한 칭찬이 아니라, 정확한 언어로 말해주고 싶어요. 그들이 표현하고 알아줬으면 하는 것을 구체적인 언어로 교환해주는 사람이 예술가들 주변에 꼭 필요하다고 생각해요. 비평가하고는 다른 지점이에요. 어떤 배우나 예술가의 자서전을 써주는 사람과도 다르고요. 사회와 이 사람의 연결점을 만들어주고, 자기도 모르게 사회에 어떤 영향을 끼치는가도 보여주는 거죠.

> **'이병헌 책' 보고나서 제가 소장님께 '정말 어마어마한 연구 성과다'라고 메시지를 보냈었죠.**

저는 이 책이 코끼리 같아요. 이병헌이라는, 자신이 어떻게 생겼는지 거울도 본 적 없는 코끼리가 있는 거예요. 이제 각각의 사람을 통해서 코끼리가 어떻게 생겼는지 알아봐요. 김지운 감독을 통해서는 "귀를 만져봤더니 애가 팔락거리는 거 같더라", 또 정두홍 감독한테 물어보니까 "다리가 단단하던데" 얘기를 해요. 대중들은 "어? 청춘의 아이콘 아니야?" 할 수도 있고 "한류스타 본사마 아니야?" "미스터선샤인 유진초이잖아"라고 말하기도 하죠. 여러 이미지 속에 이 사람이 있어요. 한 배우를 영화 〈라쇼몽〉처럼 되게 다양한 증언을 통해서 알아보고, 스스로도 얘기를 하고, 거기에 제가 본 것까지 모아보면 이 사람의 진짜 초상이 나오지 않을까 하는 마음이었어요.

특히 배우 주변 사람들을 인터뷰하면서 굉장히 다양한 모습을 알

수 있었어요. 좀 놀랐어요. 저 같은 기자들을 대할 때와 또 다른 면이 나타나요. 아, 동료한테는 이런 사람, 같이 일하는 사람에겐 이런 사람이구나, 하는 것들이 모이면 평판이나 평가가 돼요. 이 책을 다 읽고 나면 이병헌이라는 사람의 초상이 보이지 않을까 해요. 물론 그게 코끼리의 전면이라고는 할 수 없고, 제가 접근하지 못한 부분도 있을 거예요. 그걸 가장 가깝게 터치할 수 있는 방법을 조금씩 발전시켜 나가고 싶어요.

박정민 배우가 자기 자신을 '실험쥐'이라고 얘기하는 것처럼 '박정민 책' 쓸 때보다 '고아성 책' 낼 때 제가 더 정리가 되었고, '고아성 책' 이후에 '이병헌 책' 하고 나니까 정리가 더 된 부분이 있어요. 이게 연구자들이 연구를 계속 해나가는 이유잖아요. 가령 지구가 평평한 줄 알았는데 동그랬던 것처럼 이 연구에 최선을 다했어도 다음 단계가 되어서야 알게 되는 것이 있어서요. 인간이라는 우주를 여러 면으로 종합해서 그림을 그려보니까 어, 동그랗네? 하는 것. 그 작업을 계속 해나가고 있어요. 10년쯤 지나면 누가 봐도 '아, 사람은 이렇게 접근하면 되는구나' 하는 데이터 값이 나오지 않을까 기대해요. 다른 배우를 연구하면 또 달라지겠죠. '액톨로지' 시리즈를 시작하면서 잡은 기준 하나는, 배우마다 다른 도구로 접근하자는 거예요. 배우 송강호라면 송강호에 맞는 도구가 있을 겁니다. 정다운을 접근할 때랑 백은하를 접근할 때 다를 수밖에 없잖아요. 다른 사람이니까. 그런데 배우는 왜 맨날 비슷한 질문으로만 접근하냐는 거예요. 그게 재미없다고 생각해요. '백은하 배우연구소'에서 할 일 중 하나는 배우에게 접근하는 다양한 방식의 템플릿을 만드는 작업들도 있는 것 같아요. 영상 자료원에서 할 일인가?(웃음)

♀   **그러게요. 지원금 좀 받아서?(웃음)**

근데 만약에 그랬으면 이런 방식으로 안 만들었을 거 같아요. 지금은 어떤 방해도 받지 않고 하고 싶은 대로 만들고 있어요. 그 자유를 위해서 부수적으로 생기는 일들, 마케팅부터 서점 담당자 미팅하고 택배 보내고 이런 처음 하는 일들을 직접 하고 있어요.

♀   **새로운 분야에 도전하고 싶은 다른 사람들에게도 적용되는 이야기 같아요.**

하고 싶은 걸 하기 위해서 부수적으로 귀찮은 일도 하긴 해야 돼요. 물론 저는 택배 싸는 거 좋아하고, 음… 좋아하는 척하는 건가? 좀 정신 승리하는 거 같기도 해요. 저도 가만있는 게 제일 좋죠.(웃음) 만약 제가 지금 어느 회사 소속이라면 회사에서 배우 매니지먼트사 가서 투자받아오라고 했을지도요. 그러는 순간

편집 자율권은 박탈이고요. 내 일의 독립성을 보장받으며 동시에 내가 하는 일의 권위를 인정받고 싶은 게 지금 귀찮은 일을 직접 다 하는 이유에요. 할 수 있는 한은 기꺼이 하겠다는 마음이고요. 사실 조금 재밌기도 하고요.

비즈니스에는 좀 약해요. 엑셀 같은 거 잘 못 하고, 세무 처리도 잘 모르니까 되도록 단순하게 해야 합니다. 핸들링할 수 있는 선까지만요. 모은 돈에 코로나 긴급대출 삼천만 원 더 받아서 이 책을 준비했어요. 이율 1.5%, 월 이자 4만 5천 원. 하하. 이 책 만들어서 적어도 제작비는 벌 수 있겠다는 판단을 했죠. 뭐 망할 수도 있지만, 그러면 다른 데서 벌어서 메꿀 수 있는 범위였어요. 하고 싶은 거 하고 싶어요. 인생 짧은데, 언제까지 누구 눈치 보고 있겠어요.

🎙 **배우 연구에 집중하게 된 데에는 영국 유학이 큰 계기가 되었겠죠? 영국 유학 전에도 이런 생각을 막연하게 하고 계셨을까요?**

이걸 하려고 영국 유학을 간 거예요. 올레tv에서 〈무비스타소셜클럽〉 할 때쯤 한창 해외 출장이 많았어요. 런던으로 출장을 갔다가 들른 서점에서 '스타 스터디'의 시초라고 할 수 있는 리처드 다이어의 『스타(Stars)』(1979)를 비롯해 다양한 스타 스터디 관련한 책을 봤어요. 그걸 보고 공부하고 싶다는 생각이 들었고 영국으로 석사를 하러 가게 되었죠.
처음 '배우 연구'에 대해 생각한 건 2010년 즈음이었어요. 제가 제일 잘하는 거는 영화기자 할 때도 인터뷰였거든요. 인터뷰를 하면 나도 좋고 배우들도 좋아하고. 왜지? 나라는 사람이 편해서 그런가? 저도 잘 모르겠는 거예요. 즐거운 인터뷰였다는 이야기는 인사치레였을까? 하지만 나는 즐거웠어. 그렇다면 나는 왜 즐거웠지? 했더니 나는 이 사람들을 엄청 좋아하는 사람이더라고요. 이 사람들이 너무 좋으니까 궁금한 거죠. 그렇다고 내가 배우가 되고 싶은 건 아니고요.

배우가 되고 싶은 생각은 한번도 안 해봤어요?

한번도요. '배우 연구'에 꽂히기 시작할 무렵 〈설국열차〉 촬영하던 송강호 배우한테 이런저런 질문을 했어요. 그랬더니 송강호 배우가 "백기자님 왜, 배우하시게?" "아닌데요." "근데 뭐 그런 걸 물어봐. 그게 왜 궁금해" 했었죠. 사실 제가 궁금해하는 지점이 보통의 기사에서는 별로 필요없는 질문들이었던 거예요. 그때부터 이 궁금증을 어떻게 해소할까 방법을 찾다 보니까 모든 건 이미 논문에 다 있었어요. 나만 궁금한 줄 알았는데 이미 30년 전에 사람들이 공부했더라고요? 그렇다면 학자들이 만들어놓은 연구 성과와 대중들이 관심있어하는 부분을 연결해보고 싶다, 내가 사랑하는 이 대상들을 다각도로 볼 수 있는 재미를 줄 수 있으면 좋겠다 한 거죠. 배우라는 통로를 통해 우리가 사랑했던 작품으로 들어가보는 거예요. 배우를 통해서 영화를 만나면 그 영화가 더 풍부하게 느껴져요.

> **42살에 런던 유학을 가셨어요. 그때 소식 듣고는 '늦은 나이에 공부하러 갔다'고 생각했는데, 이제 제가 곧 42살이에요. 지금 제가 다시 공부를 한다고 생각해보니 별로 만학도라는 생각이 안 들더라고요.**

각자 시기가 다른 거 같아요. 학부 졸업하고 바로 대학원 가서 그 시기에 할 수 있는 에너지로 공부할 수 있는 사람이 있겠죠. 93년생 런던대 동기들이 그랬어요. 이 친구들은 뭘 공부할지를 찾고 있었어요. 영화 속 페미니즘, 이탈리아 거장 감독 등 주제 자체를 고민해요. 그에 비해 저는 뭘 공부하고 싶은지 알게 된 뒤에 대학원에 들어간 사람이에요. 논문 주제도 정해져 있었고요. 오히려 하고 싶은 게 명확해졌을 때 공부하는 게 좋을 때가 있어요. 늦은 나이는 걸림돌이 아니고, 대신에 재정적 여유가 있느냐는 중요하죠. 1~2년을 쉬어도 생활이 되어야 하니까요. 저는 그간 모은 돈을 거의 유학비로 썼어요. 그래서 코로나 긴급대출도 필요했던 거고요. 누군가에게 빚을 지거나, 신세를 크게 져야 하는 게 아니라면 배우는 건 좋죠. 그런데 그게 꼭 유학이 아니라 꽃꽂이나 베이킹을 배우겠다고 마음을 먹더라도, 뭘 하나 포기를 해야지 할 수 있는 건 분명해요. 취미나 사이드 프로젝트라면 상관없지만 직업으로 만들겠다고 생각하면 하나에만 집중하는 시기는 절대적으로 필요한 거 같아요. 발을 걸친 상태로 채울 수 없는 게 있어요.

제가 뭔가를 새로 시작할 때마다 대부분 절박함이 만든 출구를 따라 간 부분이 있었어요. 첫 직장 그만두고, 혹은 편집장 맡은 회사 공중분해되고 나서, '나는 어떻게 해. 이제 뭘 할 수 있을까' 하다 보니 여기까지 온 거예요. 타의로 자신의 쓰임새가 없어지는 순간은 언제든 올 수 있으니 내 쓰임새가 뭔지 찾아야 해요. 사실 본인이 알걸요? 아는데, 너무 폄하하는 경우도 많고요. 저도 처음 「씨네21」에서 자존심 상할 때도 있었어요. 영화 리뷰는 안 주고 배우 인터뷰만 시키는 거예요.

♀ 선배들이 소장님의 재능을 발견해준 걸 수도 있겠네요.

맞아요. 그래서 저는 당시 편집장이었던 허문영 선배에게 지금도 고맙게 생각해요. 근데 그때는 어릴 때라서, 내가 잘하는 게 다른 사람에게 있지 않다는 거보다 내가 잘하는 게 별거 아니란 생각을 먼저 하는 거죠. '텔레비전 좋아하고 연예인 좋아하고 배우 만나는 거 좋아하고 배우랑 만나면 빨리 친해지고 그래서 나 시키는구나. 치, 누구는 되게 고상한 거 시키고' 하는 마음이 있었어요. 결국은 내가 잘하는 걸 내가 되게 예뻐하는 순간을 만나는 것, 나는 이걸 잘하는 사람이구나 알고, 내가 사랑하는 걸 계속 사랑할 수 있는 방법을 찾는 것. 그게 중요해요. 예전에 『우리 시대 한국배우』라는 책을 냈을 때 서문에 허문영 선배가 써준 글이기도 해요. "사랑하는 걸 찾은 사람이라서 부럽고 예쁘다." 저에게 되게 고마웠던 글이거든요. 그래 나는 내가 좋아하는 걸 알고 있어. 그렇다면 이 좋아하는 걸 어떻게 하면 계속할 수 있지? 배우가 저를 원하지 않으면 인터뷰를 못해요. 그들이 나하고 인터뷰하고 싶게 만들려면 나도 그에 걸맞는 실력이 되어야 해요. 무턱대고 찬사만 많이 쓰면 그들도 알아요. 그러니까 저도 계속 갱신하고 업그레이드해야 합니다. 아직도 긴장되는 일이에요. 언제라도 이 산업 안에서 도태될 수 있어요. 고삐를 놓치는 순간 '라떼'가 되고 과거의 영광이 되고 적당한 유명세 안에서 작동하는 사람이 되는 거죠. 그러면서 정작 연구는 하지 않는 연구자가 되고 싶진 않아요. 저는 연구를 계속해서 어디까지 가는지 파보고 싶어요. 파다 보면 뭐가 나오긴 나와요. 꼭 석유나 금싸라기는 아니더라도 작은 발견이라도요.

자신이 잘하는 걸 스스로 깎아내리지 말았으면 좋겠어요. 왜냐면 나를 깎아내리려고 준비 중인 사람은 세상에 너무 많아요. 그러니까 나라도 나를 예뻐해주고 가여워해줍시다. 자기 연민에 빠지란 얘기는 아니고, 내가 나를 기특해하고 잘했다고 칭찬하는 일이 잦았으면 좋겠어요.

특히 여성들이 그런 부분이 조금 부족하죠.

맞아요. 근데 또 잘난 척하곤 다르잖아요. 과도한 자기애하고도 달라요. 나를 토닥거려주는 마음 같은 걸 가지는 거예요. '아이구 백은하야, 지금 마흔 넘어가지고 논문을 다 썼어.' 스스로를 칭찬하는 거죠. 남이 인정해주지 않아도 나는 알거든요. 내가 고생했다는 걸. 책 쓸 때도 그랬어요. 많이 팔리면 좋지만 그게 아니더라도, 저는 이 액톨로지 책만 봐도 되게 좋아요. '올해를 이렇게 보냈구나' 하는 마음. 요즘이 일하고 나서 가장 활기 있는 시기인 거 같아요. 불안한 시기도 있었거든요.

'배우'는 '사람'이잖아요. '배우'를 연구하는 일이 그 때문에 어렵기도 하고, 그래서 오히려 쉬운 부분도 있겠지요.

맞아요. 피아니스트로 예를 들면, 피아노가 있고 연주자가 있어요. 피아노는 건반을 누르면 그 소리가 정확하게 나와요. 그런데 배우들은 자기 몸이 악기인 아티스트예요. 어떻게 하면 눈물이 나지? 자신도 잘 몰라요. 악기인 자신을 스스로 작동시켜야 하는데 그게 어디 정확히 정리되어 있지 않아요. 그걸 어떻게든 파헤쳐 보려는 게 저 같은 사람이 하는 일 같아요. 너는 이걸 누르니까 이게 나오는구나, 하면서요.

결국은 실패할 일이에요. 고정되지 않은 진실이고요. 하지만 최대한 가까이 접근해보자는 마음이에요. 해외 저자들이 쓴 배우 관련 책 서문에 항상 쓰여 있는 말이 있어요. "이 작업은 매우 모호한 작업이다." 틀릴 수도 있다고 밑밥 깔고 들어가는 거죠. 사실은 저도 그래요. 잘 모르겠고, 배우 본인도 몰라요. 하지만 제가 자료를 모아 분석하고 배우가 직접 말하고 주변에서 증언하다 보면 비슷하게나마 알게 될지도 몰라요. 쉬운 일이면 진작 학문화되었을 텐데….

배우 연구가 학문으로 접근이 어려운 또 다른 이유는 문학 비평이나 영화 비평은 전 국민이 할 수 있는데 반해 배우 비평은 그 사람을 만나야 가능하기 때문이에요. 인터뷰 등 자료를 통해서 이차적 방식으로 접근하고 그 사람을 분석하면 첫 번째 작성자가 만들어놓은 필터링을 거칠 수밖에 없으니까 분석의 정확성이 떨어져요. 액세스가 가능한 사람만 할 수 있는 선택받은 일이에요.

🔑 **영화계에서 20년 일하셨지요. 대부분의 인간관계가 일과 연결되어 있을 거 같아요. 그 관계를 잘 데리고 가는 비결이 궁금해요. 소장님은 사람 만나는 걸 좋아하는 편이죠?**

마냥 그렇지도 않아요. 보기보다 비위가 안 좋아서 싫은 사람하고는 같이 안 있어요. 그래서 좋은 사람들과 일할 수 있는 방법을 찾는 거죠. 마더 테레사도 아니고 어떻게 모든 사람, 모든 배우를 사랑하겠어요. 인간에 대한 배려를 거스르지 않는 사람들에게 최선을 다하는 편이고, 어떤 사람이 좋아지면 무지 노력해요. 그 사람과 나 사이에 특별함을 가지려고요.

🔑 **엇, 두루두루 만나는 걸 좋아하신다고 생각했어요.**

아니에요. 저는 한 사람 한 사람과 가는 스타일이에요. 그리고 관계라는 게 생명이 있어서 미련하게 잡고 있는 게 도움이 되지 않더라고요. 그리고 관계가 정리되었을 때도 내 잘못이라고 생각하지 않아요. 관계의 생명력이 다한 거죠. 그걸 인정하는 데 시간이 좀 걸렸던 거 같아요. 여러 경험을 통해서 관계라는 게 혼자서만 끌고 갈 수 있는 건 아니라는 걸 받아들이게 되었어요. 오래된 관계의 신화 같은 게 있잖아요. '30년 된 친구'처럼.

● **맞아요. 오래된 친구가 없으면 인간관계 못하는 사람 같고요.**

'20년, 30년 된 친구를 갖고 있다'는 게 중요하게 느껴진 때도 있었지만 이제는 그렇지 않아요. 거꾸로 급속도로 친해지는 것에 대한 경계심도 있어요. 새로운 사람을 금방 믿고 의지하는 스타일은 아니에요. 특히 일로 만난 사람 사이에선 지킬 것만 딱 지켜요. 커뮤니케이션 잘하자. 뒤에서 딴소리 하지 말자. 깔끔하게 돈 주고. 서로 시간 뺏지 말자. 감정 노동시키지 말자. 이런 기본적인 거 있잖아요. 내가 당하고 싶지 않은 걸 남한테 하지 말자. 마감 지키자. 그런 정도의 관계면 충분히 어디 가서 뒷말 안 듣고, 뭐 그런데도 욕하는 사람은 있겠지만, 이 정도 관계도 충분히 일하는 데 어려움이 없어요. 변명하지 않고, 거짓말하지 않는다는 정도? 엄청 대단히 정직하게 살겠다는 건 아니지만요.

● **중요한 비결 같아요.**

나중에 결국 들키거든요.

일로 만난 좋은 사이에 오가는 대화

처음 백은하 소장에게 인터뷰를 청했을 때 그는 어떤 인터뷰인지 자세히 묻지 않고 하겠다고 했다. "다운 씨가 하자니까 한다"고. 다만 지금 하고 있는 일을 잘 끝낸 뒤 만나고 싶다며, 쓰고 있는 이 책을 손에 들고 만나야 커리어에 대해 할 수 있는 이야기가 있다고 했다. 나 역시 자세히 묻지 않고 그러자고 했다. 어린 시절 같은 반 친구가 아니라 오히려 일로 만난 우리라서 이럴 때 '그가 그렇게 말한다면 이유가 있는 것'이라는 믿음을 가질 수 있었다. 그리고 시간이 흘러 우리가 마주 앉았을 때 그의 손에는 액톨로지 시리즈의 첫 책이 있었다. 이 책을 낸 이후의 백은하는 이전보다 한 단계 올라선 '연구자'다. 분명히 그렇다. 액톨로지 없이 대체 우린 무슨 이야기를 할 수 있었을까.

다음에 만날 땐 나도 조금 달라져 있으면 좋겠다는 욕심이 생겼다. 당장 한 단계 올라선 작가가 되어 있기는 어렵겠지만, 내가 잘하는 걸 내가 예뻐할 수 있기를, 내가 사랑하는 걸 계속 사랑할 수 있는 방법을 찾았기를, 내가 나를 칭찬해줄 수 있기를. 그러다 보면 언젠가 나의 단계도 조금 올라가 있을지 모르니까. fin.

마담롤리나 @madame_lolina_
프리랜스 일러스트레이터. 『더 포스터 북(마담롤리나 편)』을 출간했고, 마켓컬리, SM 엔터테인먼트, 아웃백, 삼성전자 등과 협업했다. 오직 창작만으로 지속 가능한 삶을 꿈꾼다.

일하는 나를 돌보는

나의 일

'일하는 나'로 살아가기란 쉽지 않다.

오랜 시간 앉아서 작업할 수 있는 코어 힘을 길러야 하고,

마감을 지키기 위해서 미루거나 도망가고 싶은 마음과 싸워야 한다.

일이 많을 때의 압박감과 일이 없을 때의 불안감을 다루는 것도,

나를 혹사시켜 망가지지 않을 최선의 지점을 찾는 것도 나의 몫이다.

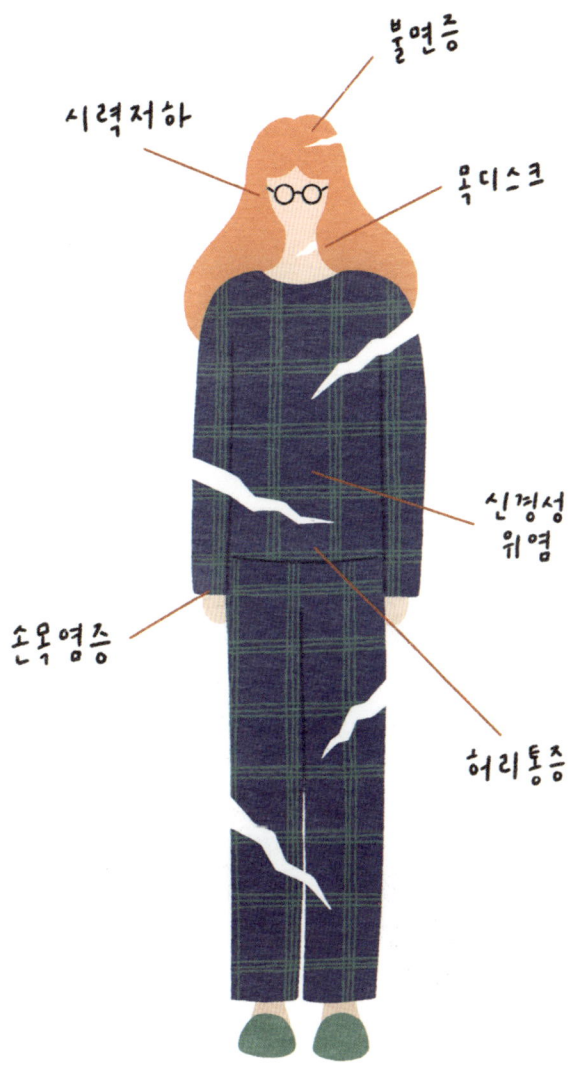

불규칙한 일상 속에 스스로 몰아붙이며 일한 시간은

고스란히 후유증으로 남았다.

나를 어르고 달래면서, 건강하게, 무리하지 않도록 잘 돌보는 것이야말로

금세 지치지 않고 '일하는 나'를 지속시키는 중요한 동력이다.

너무 힘들고 괴로워서 한 번 더

해보자는 마음마저 사라지지 않도록.

내가 먼저 나를 돌보는 하루를 보낸다. fin.

Members' Lounge

한 발 더 내딛는 사람이 되고 싶을 때, 걷기 명상과 홍차

김현경 @mindfulliving_hyun
한껏 삶을 즐기는 명상김선생. 명상가이자 명상 안내자.
웰니스 브랜드 '마인드풀리빙 현' 운영.

걷기 명상
Mindful walking

"티베트어로 '인간'은 '걷는 존재' 혹은 '걸으면서 방황하는 존재'라는 의미라고 한다. 나는 기도한다. 내가 앞으로도 계속 걸어 나가는 사람이기를. 어떤 상황에서도 한 발 더 내딛는 것을 포기하지 않는 사람이기를."

-『걷는 사람, 하정우』중에서

명상은 가만히 앉아서 하는 거라고 생각하는 사람이 많지만 움직이면서 하는 명상도 있다. 차분히 산책하면서 미릿속 복잡했던 생각이 정리되는 경험을 해봤다면 금방 이해할 수 있을 것이다. 오늘은 한 걸음 한 걸음 마음 돌봄이 일어나는 걷기 명상을 해보자. 하루 중 어느 때든 하기 좋고, 출퇴근길처럼 오고 가는 길이나 사람이 적은 복도에서도 편히 할 수 있다. 그냥 걷는 행위와 다른 점은 몸의 움직임과 감각에

주의를 기울이면서 잡다한 생각이나 감정이 일어나는 것을 알아차려 다른 곳으로 가는 주의를 다시 코끝으로 가져오는 일이다.
먼저 자연스럽게 서서 잠시 온몸의 감각에 집중해보자. 양쪽 발바닥이 땅에 닿는 느낌에 온전히 주의를 기울인다. 그리고 서서히 한 걸음씩 걷기 시작한다. 한 발 한 발 천천히.
걸음마다 발과 다리를 들어 올리고, 옮기고, 내려놓는 일련의 과정을 알아차리며 움직인다. 발 뒤꿈치부터 아치, 발볼, 발가락, 발 전체, 다리 전체, 몸 전체의 감각, 무게감, 중력감, 근육의 움직임, 피부의 움직임 등 걸어갈 때 일어나는 감각을 관찰한다.
천천히 움직이다가 리듬감이 생기면 속도를 더 내서 걸어도 좋다. 걷는 행위 자체에 주의를 두며 당연한 걸음이지만 당연하지 않게, 무의식적으로 걸을 때와는 다른 의식적인 걸음을 걸어보자.
그러다 보면 어떤 상황에서도 한 발 더 내딛는 것을 포기하지 않는 사람이 되어 있지 않을까?

> 홍차를 한 잔 내어드릴게요

홍차를 즐겨 마시는 사람들이 신체적, 정신적 스트레스를 빠르게 해소한다는 사실을 밝혀낸 런던대학의 연구 결과가 있다. 하루에 서너 번 홍차를 마신 그룹과 물을 마신 그룹을 비교군으로 두고 같은 레벨의 스트레스 상황에 놓이게 했다. 스트레스 상황을 맞닥뜨렸을 때, 두 그룹 모두 심박수, 혈압, 스트레스 호르몬인 코티졸cortisol 수치가 올랐으나, 그후 홍차를 마신 그룹은 심박수와 혈압이 빠르게 정상 수치로 떨어졌고, 물을 마신 그룹보다 코티졸 수치가 빨리 하락했다. 코로나 이후 다도를 배우는 사람이 늘었다는 근황에 과학적 근거도 있었던 것이다. 좋은 향을 뿜는 찻잎과 단정히 놓인 찻잔만 보아도 벌써 스트레스가 해소되는 듯하다.

홍차잎 2g에 뜨거운 물을 붓고 2분 정도 우려내어 깊은 맛과 향을 느껴보자. 찻잎마다 다르지만 펄펄 끓는 물보다는 조금 식혀 80~90도의 물로 우리는 것이 떫은 맛을 줄일 수 있다. 찻잎을 물에 우리고 나면 물빛은 밝고 투명하며 누렇거나 붉은 빛을 띠고, 깊이 있는 맛과 우아한 향을 머금고 있다. 따뜻한 홍차는 때론 묵직히고 중후하면서도 뭉근한 부드러움이 느껴진다. 아삼, 다르질링, 우바, 기문 등은 대표적인 홍차(원산지의 찻잎만 넣은 차)의 종류다. 아직 홍차와 친하지 않다면 딸기, 오렌지, 장미꽃 등이 가향(블렌딩)된 차부터 시작하는 것을 권한다. 얇게 자른 레몬을 더해 떫은 맛을 보완해도 좋고, 따뜻한 우유를 넣어 고소하고 부드러운 밀크티로 마시는 것도 차를 즐기는 좋은 방법이다.

이재훈 @heun0806
대학내일20대연구소 책임연구원. 트렌드 리서치, 컨설팅, 기업 및 기관 대상 MZ세대 트렌드 강연을 진행한다. 『밀레니얼-Z세대 트렌드 2021』 출간 총괄 PM이었으며, 그 외 여덟 권의 트렌드 분석 도서 집필에 참여했다. 대학내일 트렌드 컨퍼런스 〈T-CON〉 트렌드 세션 연사로도 참여했다.

트렌드가 트렌드인 시대에

트렌드 연구원으로 사는 일

최종 확인을 마치고 메일로 훈훈한 덕담을 나눈 다음 날 아침에 사건이 터졌습니다. 트렌드 도서에 실린 사진과 관련된 인물이 논란에 휩싸인 겁니다. 부랴부랴 연락해 인쇄를 멈추고, 사진을 교체하며 진땀을 쏙 뺐습니다. 그리고 다시 한번 느꼈죠. 아, 트렌드는 정말 끝날 때까지 끝이 아니구나.

트렌드가 트렌드인 시대에
트렌드 연구원으로 사는 일

🔑 트렌드 파악이 직업이면 어떤 기분이냐면요

7년째 대학내일20대연구소에서 '트렌드 전문 연구원'으로 밀레니얼 세대와 Z세대(이하 MZ세대)의 트렌드를 집요하게 쫓고 있습니다. 인턴 기간까지 합하면 햇수로 9년째 트렌드를 분석하고 예측하는 일에 매진하고 있어요. 20대에 특별히 관심이 많지는 않았던 때부터 이들이 만들어 가는 새롭고 신선한 문화 현상과 생각, 가치관을 분석하여 보고서와 보도자료, 책으로 알리는 일을 해왔습니다. 그렇게 20대와 트렌드라는 한 우물을 파오다 보니

 세대를 구분하는 명확한 기준은 없지만, 보통 1980년대 초반에서 1990년대 중반에 출생한 세대를 밀레니얼 세대, 1990년대 중반에서 2010년대 초중반에 출생한 세대를 Z세대로 분류합니다. 그리고 밀레니얼-Z세대를 줄여 MZ세대라 지칭합니다. 대학내일20대연구소는 MZ세대 중에서도 1989~1995년 사이 출생한 후기 밀레니얼 세대와 1996~2006년 사이 출생한 Z세대를 집중적으로 관찰하고 있습니다.

세상도 조금 달라졌습니다. '90년생이 온다'며 MZ세대에 대한 관심이 폭발적으로 증가했고, 한 해에 트렌드 관련 도서가 수십 권씩 쏟아지는 '트렌드'가 '트렌드'인 시대가 되었습니다. 이런 변화의 흐름에 맞춰 20대에서 MZ세대로 연구 대상을 확장하기도 하고, 트렌드를 더 빠르게 알리기 위해 노력하며 고군분투하고 있습니다.

트렌드 전문 연구원은 이런 일들을 합니다. 정량·정성 리서치를 진행해 MZ세대의 인식과 가치관을 분석하고, MZ세대에게 다가가고자 하는 기업들에 이들에 대한 인사이트를 제공합니다. 칼럼 기고, 강연도 하고요. 수십 권씩 쏟아지는 트렌드 도서에도 매년 한 권씩 보태고 있습니다. (보틀프레스의 편집장님과도 이 트렌드 도서로 소중한 연을 맺었습니다. 대학내일20대연구소의 트렌드 분석 도서에도 많은 관심 부탁드립니다.) 트렌드 리서치, 트렌드 컨설팅, 트렌드 칼럼 기고, 트렌드 강연, 트렌드 워칭그룹 운영, 트렌드 세미나 등 정말 '트렌드'가 붙는 모든 일들을 하며, 트렌드로 꽉 찬 나날을 보내고 있죠.(헉, 벌써 트렌드가 20번이나 나왔네요.)

그간 300여 개의 보고서를 쓰고, 책도 아홉 권이나 만들었지만 트렌드를 쫓는 일은 아직도 새롭고, 갈수록 어렵습니다. 트렌드는 매일 새로운데, 저는 매일 늙어가기 때문이죠. 늘 세상 돌아가는 것에 촉각을 세우고 또래보다 젊게 살기 위해 노력한다지만 세월은 어쩔 수 없나 봅니다. 얼마 전까지만 해도 제가 누리고 즐기고 있는 게 곧 트렌드였는데, 이제는 그렇지 않은 경우가 더 많아졌습니다. 평범한 사람도 인스타 라방(라이브 방송)을 하고, 앞머리만 염색하고, 이빨에 보석을 박는 투스잼이 유행하는 모습에 '도대체 왜 이럴까?' 하는 생각이 들기도 하죠. 예전에는 당연했던 것들이 이제는 노력해서 파악하고 이해해야 하는 것이 되었어요.

나름 충격적인 사건도 있었습니다. MZ세대는 인스타그램 피드보다 '인스타그램 스토리'를 적극적으로 사용합니다. 그렇다 보니 인스타그램 스토리에서 재미있는 트렌드 현상들이 나타나는데, 그중 하나가 '그림 그리기 챌린지'였습니다. 인스타그램 스토리의 그리기 기능으로 그림을 그린 뒤 친구를 태그해 이어 나가는 겁니다. 피카츄, 도라에몽, 귤, 눈사람, 처음처럼 등 2019년부터 2020년까지 다양한 그림 그리기 챌린지가 이어졌어요. 물론… 저는 단 한 번도… 태그되지 않았습니다. 어느새 그 놀이를 즐기는 세대에서 벗어난 거죠. 내 피드로 자연스럽게 배달되던 트렌드는 점점 끊기고 이제는 더 많은 시간을 투자해 트렌드를 찾아다녀야 합니다.

트렌드를 쫓는 일의 기쁨과 슬픔

제가 일하는 세계의 속도는 너무나도 빠르게 흘러갑니다. 또 마케터, 기획자, 에디터 등 다양한 직무와 방송, F&B, 뷰티, 유통, 인사 등 분야를 막론한 모두가 트렌드를 쫓습니다. 이런 레이스의 중심에 있다 보면, '700'이라는 신조어나 '와앙포카'의 유행 같은 소소한 이슈를 놓친 것에 크나큰 박탈감을 느끼기도 합니다. 상대방은 아무 악의도 의미도 없이 건넸을 "앗 아직 모르셨구나"라는 말이 묵직한 한 방이 되어 명치에 꽂히기도 하죠. 이런 말을 듣지 않기 위해 퇴근 후에도 여가인 듯 일인 듯 소셜미디어와 커뮤니티의 이슈를 주르륵 훑고 체크하는 건 이제 일상이 되어버렸습니다. 트렌드의 속도로 산다는 것은 쫓으면서도 쫓기는 기분이 드는 일입니다.

그리고 가끔은 '트렌드의 속도로 사는 것'에 진한 현타가 오기도 합니다. 제가 일하는 이 세계는 레이스라는 표현이 어색하지 않을 만큼 쫓고 쫓기는 하루하루가 펼쳐지고 있지만, 일하는 세계에서 한 발짝만 벗어나도 세상은 제법 고요합니다. 어제와 오늘이 그리 다르지 않고, '그림 그리기 챌린지'에 태그되지 않았다거나,

---

- 700 귀여워라는 뜻. 귀여워를 자음으로 표현한 'ㄱㅇㅇ'를 이와 비슷한 숫자 '700'으로 표현한 것.
- 와앙포카 연예인들이 입을 크게 벌리고 있는 모습으로 만든 포토카드. 입 부분을 투명하게 만들어 음식 사진을 인증할 때 주로 쓴다. '박진영 와앙포카'가 유명.

이재흔

'700'과 '와앙포카'를 모르는 것도 큰 문제가 아니죠. 또 MZ세대의 트렌드를 조금 쉽게 이해하실 수 있도록 고심하여 내놓는 '관태기', '마이싸이더', '낯설렘', '나로서기', '인플루언서블 세대'와 같은 트렌드 키워드도 누군가에게는 의미 없는 말장난처럼 느껴지기도 합니다. 이렇게 일하는 세계와 그 세계 밖의 속도 차를 느낄 때마다 생각합니다. '나에게 중요한 것들이 누군가에게는 아무것도 아닌 거구나', '이런 것쯤 몰라도 사실 사는 데 아무 문제가 없지' 하고요. 그럼 몰라도 괜찮다는 것에 위안을 얻으면서도, 한편으로는 그 사실에 진한 허무감을 느끼기도 합니다.

이렇게 피로감과 허무함을 느끼면서도 트렌드를 계속 쫓는 이유는 이 일에 나름의 의미와 보람이 있기 때문일 겁니다. 트렌드를 연구하는 일에는 여러 의미가 있겠으나, 저에게 와닿는 일의 의미는 조금 소소하고 현실적입니다. 일에 지치거나 허무함이 들 때면 속으로 곱씹는 생각이 있습니다. '그래도 트렌드를 찾는 데 내몰린 한 사람의 퇴근 시간쯤은 당겨줄 수 있지 않을까?' 하는 것이죠. 팀에서 가장 어리다는 이유로 '요즘 애들이 좋아하는 이벤트'를 기획하는 일을 떠맡은 신입사원이나, MZ세대가 중요하다는 말에 무작정 자료를 찾아 나선 부장님, MZ세대가 반응할 만한 프로모션을 기획하라는 공모전에 참여한 대학생 등 트렌드에 생계나 기회가 걸린 저와 비슷한 처지의 누군가에게는 나의 일이 도움이 되지 않을까 생각하며 힘을 냅니다.

사실 앞서 이야기한 대로 트렌드 현상만으로는 대단한 것이 아닐 수 있으나, 현상 뒤에는 의미가 있습니다. 예를 들면 '그림 그리기 챌린지'로는 MZ세대의 SNS 이용 행태 변화와 이들이 선호하는 이벤트의 특징(❶내 피드를 더럽히지 않고, ❷자주 쓰는 앱의 기능을 활용해서 간단히 참여할 수 있으며, ❸태그하고 태그 당하며 소속감을 느끼고 이를 보여줄 수 있는 이벤트)을 알 수 있습니다. '머선129' 같은 신조어도 누군가에게는 MZ세대의 공감을 불러일으키는 매력적인 카피가 될 수 있고, '와앙포카'에서도 MZ세대가 선호하는 굿즈에 대한 힌트를 얻을 수 있습니다. 또 말장난처럼 느껴질 수 있는 트렌드 키워드들도 기획의 타깃을 간단하게 대변할 수 있는 솔루션이 되기도 합니다. 트렌드 키워드 중 '나로서기'는 온스타일 채널 개편 슬로건에, '낯설렘'은 코카콜라 광고 카피에 활용되기도 했습니다. 우리 연구소에서 제안한 인사이트와 키워드가 적용된 것을 볼 때마다 제품과 광고 뒤편의 사람들을 떠올리며 '저분들의 퇴근 시간이 조금은 당겨졌겠지?' 하는 묘한 뿌듯함과 전우애를 느낍니다.

- **머선129** '무슨 일이고(무슨 일이야)'의 경상도식 발음 '머선 일이고'를 더 간편하게 '머선129'로 표현한 것.
- **나로서기** 나로서+홀로서기. 외부의 치유에 기대지 않고 자존감의 원천을 나에게서 찾으면서 나로서 홀로서려는 20대를 설명하는 말.
- **낯설렘** 낯설어서 설렌다는 뜻.

실제로 대학내일20대연구소가 예측한 트렌드 덕에 제안 업무를 빨리 끝낼 수 있었다거나, 내년 전략을 세우는 데 도움이 되었다는 피드백을 듣곤 합니다. 그리고 그들이 열심히 세운 전략과 기획은 곧 MZ세대에게 새로운 즐길 거리가 되어 나타나겠죠. 이런 트렌드의 선순환에 한몫하고 있다는 것이 개인적으로 이 일을 계속해 나가게 하는 원동력인 것 같습니다.

또 하나, 일의 의미를 느끼는 순간은 MZ세대에 대한 오해를 바로잡을 때입니다. '20대는 이기적이야', '요즘 애들은 낭비가 심해' 등 이들의 피상적인 모습만 보고 내린 평가나 편견이 많습니다. 하지만 실제로 MZ세대의 일상이나 생각을 자세히 들여다보면 그렇지 않거든요. 그저 환경이나 사회 변화에 따라 관계를 맺는 방식이나 일에 대한 생각이 달라졌을 뿐입니다. 소비에 있어서도 자신이 중요하다고 생각하는 부분엔 아끼지 않고 투자하지만, 아낄 수 있는 부분에선 영리하고 합리적으로 소비합니다. 돈의 의미와 소비의 기준이 달라진 거죠.

2016년에 예측한 트렌드 키워드 '관태기'도 비슷한 사례입니다. 관계에 권태기를 느끼며, 불필요한 인맥 관리에서 벗어나 새로운 형태의 관계 맺기에 나서는 20대의 모습을 뜻하는 키워드였지요. 당시에는 20대의 관계관 변화를 '20대가 개인주의적어서 그렇다'라고 해석하는, 결과에만 초점을 둔 시각이 많았습니다.

하지만 20대의 성장 환경, 소통 방식, 가치관의 변화를 따라가보면 자연스레 관계를 맺는 형태가 달라진 흐름이 있었죠. 이처럼 잘 알지 못해서 오해가 생길 수 있는 부분을 짚어내 세대간 이해를 돕고 간극을 줄이는 것도 트렌드 연구의 중요한 역할입니다. 매년 트렌드 도서를 챙겨 보고 피드백해주는 애독자 한 분이 SNS에 남긴 글 중 이런 문장이 있었습니다. "대학내일20대연구소는 20대를 타자화하지 않는다." 세상 흐름을 예측하고 분석하는 일을 할 때마다 이 문장을 마음속으로 되새기며, 트렌드를 객관적으로 전달하되, 연구 대상의 독특하거나 이질적인 면만 부각시키지 않기 위해 노력합니다. 2019년 키워드였던 '마이싸이더'는 사회적 기준이 아닌 자신의 기준을 세우고 따르는 모습을 정의한 합성어인데요, 20대와 대학생들이 '나도 마이싸이더인 것 같다'라며 많은 공감을 보내주어 더 애착이 갑니다. 이렇게 밖에서 정의하기 쉬운 결과가 아니라 낭사자들도 공감할 수 있는 인사이트를 내는 것이 핵심이라고 생각합니다.

어쩔 수 없이 MZ세대&트렌드 덕후가 되었습니다

이 글을 제안받은 때는 마침 한 해의 가장 큰 프로젝트인 트렌드 분석 도서 출간을 마무리할 즈음이었습니다. 연초부터 10개월간 트렌드 워칭그룹과 함께 트렌드 사례를 수집하고, 인사이트를 추출하고, 이를 집필진과 원고로 정리한 트렌드 대장정이 끝나기 직전이었죠. 인쇄가 넘어가기 직전까지 문장 하나, 단어 하나까지 검토하며 수정한 뒤, 최종 확인을 마치고 메일로 훈훈한 덕담을 나눈 다음 날 아침에 사건이 터졌습니다. 트렌드 도서에 실린 사진과 관련된 인물이 논란에 휩싸인 겁니다. 부랴부랴 연락해 인쇄를 멈추고, 사진을 교체하며 진땀을 쏙 뺐습니다. 그리고 다시 한번 느꼈죠. 아, 트렌드는 정말 끝날 때까지 끝이 아니구나. 이렇게 트렌드를 쫓아 달리다 보면 멘탈이 탈탈 털리는 순간이 옵니다. 기껏 예측하고 정리한 트렌드가 예상치 못한 논란에 휩싸여 공중분해되어 버릴 때도 있고, 밖에 나가 트렌드 체험도 하고 누리기도 해야 뭐가 나올 텐데, 일에 치여 인풋은 없이 아웃풋만 쥐어 짜내야 할 때도 있습니다. 어쩌면 아무것도 아닐 트렌드 현상 좀 놓쳤다고 스스로 자괴감을 느끼기도 하죠. 그럴 때면 수십 번 다짐하고 또 다짐합니다. '퇴사하면 SNS 따위 다 삭제해 버리고, 트렌드의 ㅌ도 없는 청정한 삶을 살 거야'라고 말이죠.

'트렌드 연구원'이 아닌 제 본캐를 생각하면 그런 삶이 더 맞을지도 모릅니다. 사실 저는 흔히 이야기하는 트렌드세터와는 거리가 멉니다. 신상 맛집 정보도 잘 모르고, 새로운 콘텐츠보다 마음에 들었던 콘텐츠를 몇 번이고 다시 보는 것을 좋아합니다. 밖에 나가길 귀찮아하는 집순이이며, 기계치인 관계로 새로운 기기나 서비스를 마주할 때마다 '난 곧 도태되겠군'이라는 생각을 하곤 합니다. 영화 〈리틀 포레스트〉처럼 어제와 오늘이 크게 다르지 않은 느리고 평온한 삶을 사는 것이 꿈이기도 하고요.

이렇게 간절하게 '트렌드와 거리 두기'를 꿈꾸다가도 MZ세대가 만든 기발한 밈과 드립, 새롭고 신박한 문화 현상에 반하는 제가 있습니다. 소셜미디어와 커뮤니티를 돌다가 기발한 밈과 드립을 발견하면 "이런 생각을 어떻게 했지ㅋㅋㅋ"하고 감탄하며 아이돌 덕질하듯 짤을 열심히 줍줍하기도 하고요. 요즘 유행이라고 하면 꼭 해봐야 직성이 풀리기도 합니다. 그 덕에 힙합이나 홈카페같이 새롭게 발견한 취향도 있습니다. 지갑은 얇아졌지만, 제 세상은 더 넓어진 것 같아요. 그리고 누가 도와주지 않아도 유튜브나 인스타그램으로 자신을 알리는 콘텐츠를 만들어 새로운 길을 개척하고, 자신의 재능을 살려 굿즈를 만들어 팔아 용돈을 벌고, 자발적으로 돈쭐내기 운동이나 챌린지를 펼치며 선한 영향력을 확산시켜가는 MZ세대의 모습을 보면 이들이 만들어갈 트렌드와 미래가 너무나도 기대되고 설렙니다. 정말 어쩔 수 없는 덕후라서요.

여기서만 살짝 고백하건대 처음 입사했을 때의 생각은 '트렌드 업무는 딱 5년만 하자'였습니다. 계속 새로운 트렌드가 있을까 싶기도 했고, 점점 나이를 먹어가는 제가 트렌드를 따라잡을 수 있을까 걱정이 되기도 했거든요. 하지만 시간이 흘러 7년 차를 맞았고, 저는 여전히 트렌드를 쫓고 있습니다. 트렌드를 따라갈 수 있을지는 점점 더 걱정되긴 하지만 그래도 아직은 잘 캐치해낼 자신이 있고 그로 인한 즐거움이 더 큽니다. 또 혼자가 아니라 MZ세대, 그리고 트렌드에 진심인 동료들과 함께니까요. 탈덕도 휴덕도 저에겐 아직 먼 이야기입니다. fin.

권정민
독립 큐레이터이자 계원예술대학교 전시 디자인과 교수. 영국 런던대학교 골드스미스 칼리지와 독일 함부르크 예술대학에서 학위를 취득했다. 서울 대림미술관의 수석 큐레이터로 있는 동안 유수의 전시를 성공적으로 이끌었으며, 현재 다양한 기관에서 큐레이팅 프로젝트를 진행하며 활발히 활동 중이다.

한정희
대림미술관, 디뮤지엄의 교육&관람객서비스 실장. 뉴욕에서 예술교육을 공부했고, 귀국 후 안양공공예술프로젝트에서 코디네이터로 일하다 2011년 대림미술관 수석 에듀케이터로 자리를 옮겼다. 저서로 『취미는 전시회 관람』(중앙북스, 2016)이 있다.

큐레이터와 에듀케이터, 토요일 오후 두 시의 대화

기획에 있어서 두 가지를 중요하게 생각합니다. 하나는 습관적인 사고를 피할 것. 내 머릿속에서 필터링해서 '될 것 같은 것'만 이야기하면 안 돼요. 또 하나는 기획을 성사시키기 위해서 말 한마디라도 더 던져보고, 목표에 다가가는 그 긴 여정을 두려워하지 말 것. 대림미술관이 보여주는 전시가 '힙'할 수 있었던 건, 힙한 감을 유지하는 것과 우리의 업을 계속 발전시키는 일을 병행했기 때문이에요. 멋진 아이디어의 뒤를 책임지는 게 발전과 성장이니까요.

큐레이터와 에듀케이터, 토요일 오후 두 시의 대화

2016년, 전시 보는 일을 좋아하게 만들어준 대림미술관에서 쉽고 재밌게 작품 감상하는 일을 이끄는 에듀케이터와 함께, 대림미술관 수석 에듀케이터가 알려주는 미술관 사용법 『취미는 전시회 관람』을 출간했습니다. 작가와 작품에 대한 배경지식 없이도 예술과 전시를 즐기는 삶을 제안하는 책을 만들며 저는 담당 에디터로, 한정희 에듀케이터는 저자로 연을 맺었지요. 그때부터 예술이 일상과 조금은 가까워진 느낌이었지만 호기심은 여전했습니다. 전시라는 거대한 프로젝트를 준비하는 협업 과정, 작가 섭외 비하인드뿐 아니라 화이트큐브 안에서 어떤 포지션의 사람들이 무엇을 목표로 일하는지 속내가 궁금했습니다. 그래서 미술관 사람들이 일하는 법에 대해 듣고자 현재는 대림미술관과 디뮤지엄의 교육&관람객 서비스를 총괄하는 한정희 실장에 인터뷰를 청했습니다. 그러자 동료이자 친구인 권정민

전 대림미술관 큐레이터와 함께하겠다는 답이 돌아왔습니다.
"내가 대림미술관으로 오길 참 잘했다 싶은 일이 몇 가지 있는데
그중 하나는 권정민 큐레이터와 일하고 친구가 되었다는 것.
우리는 틈만 나면 현재와 미래에 발맞춘 새 전시와 교육, 그리고
미술관의 역할에 관해 이야기한다. 그리고 함께, 아트 월드의
새로운 판을 짤, 새 전시와 프로그램을 만들어보자고 다짐한다."
대번에 『취미는 전시회 관람』 속 이 글이 떠올랐고, 전시를
둘러싸고 시너지 내는 관계를 탐구하는 대화가 시작되었습니다.

대림미술관에서 큐레이터와 에듀케이터로 함께 일하며 칼 라거펠트, 핀율, 린다 매카트니, 라이언 맥긴리 전 등을 이끄셨죠. 그 일을 하기까지 어떤 공부를 하고 어떤 일을 해왔나요?

권정민(이하 권) 저는 영국 런던대학교 골드스미스 칼리지와 독일 함부르크 예술대학에서 공부한 뒤 서울 대림미술관에서 2010년부터 2015년까지 수석 큐레이터로 일했어요. 말씀하신 전시 외에도 트로이카, 슈타이들, 유르겐 텔러 등의 전시를 기획했고요. 현재는 계원예술대학교 전시디자인과 교수로 재직하면서 학생들을 가르치고 있고, 독립 큐레이터로 전시 기획도 이어가고 있습니다.

🅠 한정희(이하 한) 원래 전공은 회화예요. 대학원까지 그림을 그렸어요. 그러던 중 아트 에듀케이션(art education)에 관심을 갖게 되며 뉴욕에 가서 다시 예술교육을 공부했습니다. 그 시간 동안 예술을 대하는 태도, 사람들과 예술로 커뮤니케이션하는 방법을 배웠어요. 귀국 후에는 안양공공예술프로젝트에서 코디네이터로 일하다 2011년에 대림미술관 수석 에듀케이터로 입사했습니다. 현재는 대림미술관, 디뮤지엄의 교육 프로그램과 관람객 서비스를 총괄하고 있어요.

❗ 함께 전시를 만들던 교차점 이후 지금은 굉장히 다른 상황 속에 커리어를 이어가고 계신다고요?

🅠 권 어쩌면 '미술관'에 있다는 것만 같을 뿐 극과 극의 상황이에요. 에듀케이터 한정희는 여전히 미술관에 남아 팀장에서 실장이 되어 완전히 '일 = 일상'으로 일하는 싱글 여자고, 큐레이터 권정민은 기관을 떠나 학교에서 아이들을 가르치고 전시 프로젝트를 진행하는 워킹맘이니까요.

❗ 육아에도 시간을 많이 쓰고 있겠네요.

🅠 권 아이가 이제 5살이에요.

🔑   **아직 멀었네요…?**

　　 ❍ **권**　네. 하루하루 챌린지죠.

🔑   **코로나 이후 워킹맘의 일상이 많이 바뀌었잖아요. 아이가 저학년인 경우 학교를 가던 시간에 집에서 온라인 수업 들어야 하니까 갑자기 사무실에 못 나오게 되더라고요. 공유오피스 계약했던 걸 취소하는 분도 봤습니다.**

　　 ❍ **권**　그렇죠. 아이랑 집에 있으면 저는 온라인 수업 진행을 못하잖아요. 그러니까 아이를 봐줄 사람의 집으로 가서 아이를 맡기고, 그 집에서 방문을 걸어 잠그고 수업을 하고 있어요. 아이를 싣고 이 집 저 집을 떠돌면서.(웃음)

　　 ❍ **한**　같이 일 끝나도 술 마시며 놀던 시절이 엊그제 같은데. 요즘에는 줌으로 만나서 마셔요.

🔑   **그때도 일 얘기하세요?**

　　 ❍ **권**　일 얘기하죠. 같은 프로젝트를 하진 않지만 애환은 나눌 수 있으니까요.

🔑   **그러고 보니 코로나 이전에는 해외 출장을 자주**

다니셨죠. 출장 목적은 어떤 것이었나요?

Q 한 대림미술관 실장이던 때는 전시부터 상품 세일즈까지 대림미술관의 모든 업무를 관할했기 때문에 작가 섭외나 협의를 위한 출장을 다녔어요. 교육과 관람객 서비스를 맡고 있는 지금은 대림미술관 실장일 때와 업무가 달라서 출장 목적이나 체크하는 부분도 달라졌고요. 교육 업무는 누구나 쉽고 재미있게 전시와 예술을 즐길 수 있도록 교육 프로그램을 만드는 일이고, 관람객 서비스 업무는 관람객이 미술관에 방문하기 전부터 미술관을 나갈 때까지 관람객을 위한 서비스 전체를 기획하고 운영하는 일을 담당해요. 디뮤지엄이 한남에서 성수로 이사하게 되면서 새 미술관 세팅을 위해 저희 실의 할 일이 무지 많아졌죠. 새 프로그램을 짜는 일, 서비스 계획을 하는 일뿐 아니라, 입구에서부터 출구까지 동선 기획, 사이니지 구성, 웹사이트와 앱에서의 사전 예약 방법 기획, 예약자 안내와 VOC(Voice of Customer) 관리 시스템 구축 등 여러 가지를 새로 만들어야 하니까요. 코로나가 아니었다면, 이런 시스템 답사를 위한 출장을 갔겠네요.

> '큐레이터가 하지 않을까?' 하는 일도 섞여 있는 거 같아요. 예를 들면 관람객 동선 정하는 일이요.

한 같이 하는 일이죠. 전시장 내 동선은 큐레이터가 짜는데, 미술관에 생각보다 그 외의 공간이 되게 많아요. 전시장 들어가기 전 입구부터 티켓 박스, 뮤지엄 숍, 곳에 따라 카페나 레스토랑, 출구까지요. 전시장 안과 그 외 공간을 어떻게 연결해야 관람객이 조금 더 편안하게 전시를 관람할 수 있는가를 고민하고 동선 구획을 하는 거죠. 전시팀이나 다른 유관 팀과 같이 논의하면서. 사실 미술관의 모든 일은 협의, 협력, 협업이거든요. 혼자 결정하는 건 거의 없어서 프로젝트 성격에 따라 누가 메인이 되어 리드하고 실행하느냐의 차이만 있을 뿐입니다.

'전시를 만드는 사람' 하면 대부분 저처럼 작가와 큐레이터를 떠올려요. 전시를 둘러싼 사람들은 또 어떤 일을 하나요?

권 미술관 전시가 전시의 전부라고 생각했던 시절이 있었어요. 지금은 학교에서 '전시 디자인'을 가르치며 전시라는 명칭 안에 얼마나 방대한 분야가 들어올 수 있는지, 그래서 미술관 전시가 얼마나 작은 부분인지 생각할 기회가 많아요. 한편 작은 부분인 미술관 전시에서도 동시대 미술이냐, 디자인 전시냐, 라이프 관련 전시냐 등에 따라 참여할 수 있는 사람이 무궁무진하고 그때그때 바뀝니다. 2020년 말에

문화역서울284에서 「레코드284-문화를 재생하다」라는 전시를 진행했는데, LP와 사운드가 중심이다 보니 저 같은 큐레이터 외에도 음악 큐레이터가 들어왔죠. 이 전시는 그냥 공간에 음악도 틀어두는 차원이 아니라 전시 동선에 따라 어떤 음악이 어떤 작품에 맞물려 나올지 함께 움직여야 했어요. 저는 사운드에 대해서 잘 모르니 음악 전문가가 필요했습니다. 또, 대부분 전시는 오브제 중심이잖아요. 그 오브제를 설명하는 방식을 누가 만들 것이냐에 따라 구조물을 만드는 사람이 이야기를 풀어갈 수도 있고, 그래픽 디자이너와 협업이 필요할 수도 있어요.

그 안에서 큐레이터는 구체적으로 어떤 일을 하는지요?

권 기본은 전시가 보여줄 주제를 잡고, 거기에 맞는 오브제를 선정하는 일이에요. '어떤 타깃에게, 어떤 주제를 가지고, 어떤 작품을 선정해서, 얼만큼의 정보를 줄 것이냐'를 머릿속에 그립니다. 때로는 미술관 운영진에서 원하는 주제나 작가가 있을 수도 있고, 큐레이터 기획이 시작일 수도 있고, 다른 기획팀과 같이 할 수도 있어요.

한 예전부터 소장해온 아카이브를 가지고 전시하는 곳이라면 기획의 시작이 조금 다를 수 있어요. 축적된 자료가 있고, 그것을 가공해서 시대에 맞춰 보여줄 수 있으니까요. 저희는 가장 트렌디하고 현대적인 것을 다루다 보니 매번 새롭게 접근해야 하죠. '예전엔 이렇게 했었다'를 주장할 수 없고 해서도 안 돼요. 그래서 논의가 필요한 거고요. 현재의 조직을 예로 들면, 전시 실장, 교육 실장과 같이 각 파트의 실장들이 리딩 그룹이 되고, 그들을 주축으로 미술관을 운영해요. 큐레이터가 어떤 아이디어를 던지면 전시실에서 의견을 냈으니 바로 오케이가 아니라, 그것은 왜 필요한가, 누구에게 필요한가를 검토하고 어떻게, 언제 보여줄 것이냐를 한 번 더 논의하고 세부 내용을 결정합니다. 이 과정에서 전시가 결정이 되면, 그 다음에 이 전시를 실행하기 위한 각 파트의 담당자들을 선정해요.

권 보통은 전시팀에서 "이런 전시 어때?" 하고 가져가지만 때로는 교육팀이나 마케팅팀에서 이야기가 시작돼요. 미술을 했던 베이스는 같으니까 아이템을 제안하기도 하고, 서로 "이건 좀 넣어줘, 이건 좀 빼줘, 그러면 나 이런 프로그램 못해, 이런 거 해보고 싶어" 하면서 조율하는 겁니다.

한 하나의 전시를 성공적으로 올리기 위해서 각기 다른 눈으로 그 기획을 바라보는 거예요. 그리고 제안을 하는 거죠. 그러면 전시가 더 풍성해질 수 있으니까요. 기획을 비판하려는 게 아니라 '전시가 잘 되려면 무엇이 더 필요할까?'를 각자의 영역에서 고민하고 제안하는 거죠.

권 제일 중요한 건 그 시점에 기획자 머릿속에 표현하려는 게 명확히 그려져야 해요. 그림이란 게 추상적이잖아요? 그러나 확신이 있어야 해요. 아웃풋이 어떻게 생길 것인가.

두 분이 큐레이터와 에듀케이터로 일할 때 '호흡이 잘 맞는다'는 건 어떤 것이었나요?

권 저희가 함께 재밌게 일을 했던 건 바로 그 아이디어 단계에서 머릿속에 그리는 아웃풋이 일치했기 때문에 가능했습니다. 그걸 확인할 수 있는 방법은 레퍼런스고요. 그렇게 방대한 자료 중 같은 레퍼런스 찾아온 적도 있어요. "이런 사례 어때?" 하고 보여주면 "그래, 내가 말하는 게 그거야"가 되는 거죠. 서로 플러스 마이너스로 발전시키거나 생략하면서 저희끼리 신이 나고요.

한 "여기서 내가 이런 프로그램을 붙이면 되는 거야?" 하면서 신나게 논의하고 발전시킬 때 또 제일 좋은 결과가 나왔어요. "이건 우리 팀이 맡을게, 저건 너희 팀이 맡아" 하며 기획이 실행으로 넘어갔죠. 미술관에 오래 있을수록 모든 일이 협업이라는 걸 느껴요. 혼자는 아무것도 할 수가 없어요. 옆에서 붙어주고 시너지를 내야 해요. 그런 점에서 우린 참 잘 맞았어요.

권 저희는 일로 만난 데다, 어떻게 보면 관계가 애매할 수 있는 포지션이에요. 부서간 대립도 흔한 파트라서요. 회사에서 만나서 절친이 될 수 있었던 건 일에서 통하는 면이 있기 때문이에요. 성향은 정말 달라요. 이 친구는 엄청 꼼꼼하고, 저는 무지 덤벙대요. 그렇지만 일하는 사람으로서 '코어'가 같은 거예요. 참을 수 없는 게 같고, 좋은 게 같고, 지향하는 바가 통해요. 차를 타고 이동할 때 운전하다 욕하는 경우가 있잖아요. 둘이 욕하는 포인트도 같아요.(웃음) 그래서 굳이 확인하지 않아도 내가 싫은 건 이 친구도 싫을 거라는 생각에 생략 가능한 설명이 있는 거죠.

와… 감동적이에요. 그렇게 호흡 맞춘 게 얼마 동안인가요?

권 4년이요. 더 오래 하면 좋았을 텐데 아쉬워요.

한 신나게 일하는 동안 가장 큰 변화를 목격한 시점이기도 해요. 2011년부터 2015년까지, 대림미술관이 가장 빠르게 성장할 때였고요.

권 피크를 찍었다는 표현에 여러 의미가 있을 텐데 그때 그렇게 말한 이유는 하고 싶은 걸 내놓았고, 그게 결과도 좋았기 때문이었어요. 반면 저는 그 피크를 찍었을 때 퇴사를 결심했고요. 기관은 자연스레 점점 더 큰 성과를 원하는데 제가 할 수 있는 건 없었거든요. 솔직히 화제성 위주의 기획은 하기 싫었고요.
제가 생각한 작품성과는 다른 결과를 만들어야 했을 때 '나는
여기까지구나'를 느꼈어요. 관객들의 반응과 의미 생산 사이에서
고민이 많던 시기였습니다.

Q 한 그림 안에 점을 하나 찍어도 어떤 의미가 있는지
고민해야 하고, 작품을 계단에 놓느냐 기둥에 놓느냐 벽 앞에
놓느냐에 따라서 메시지가 달라진다고 배웠어요. 관객들과 그런
해석을 나누는 미술관을 만들고 싶었고요. 이상적으로 생각하는
기획과 관객이 보고 싶어하는 것에 대한 괴리는 언제나 고민이
되는 주제예요.

Q 권 그로부터 1년 뒤에 저는 퇴사했어요. 이 친구는
정리와 운영에 능력이 있어서 계속 일하고 있죠.

> **고민의 시기도 있었고, 다른 곳의 제안도 받은 걸로
> 알고 있는데, 어떤 동기 부여가 있었던 건가요?**

Q 한 저는 '학교 밖에서 미술 교육 일을 하고 싶다'고
생각한 사람이었어요. 그래서 공공미술 판에서 일을 하다가
지금의 미술관으로 들어오게 됐고요. 10년 전, 교육에 적극적으로
예산 투자를 하거나, 에듀케이터가 필요하다고 생각한
미술관은 많지 않았어요. 그래서 대림미술관의 오퍼는 반가운

자리였습니다. 전 남들이 다 알아주는 국내 대학의 미술교육 학과를 나오지도 않았고, 그 사람들이 대학을 졸업하면 가는 대형 미술관에서의 교육 인턴도 해보지 않았어요. 소위 엘리트 코스를 밟지 않았던 거죠.

힘든 걸로 따지면 공공미술판은 정글이에요. 미술관 교육에는 '프로그램을 듣고 싶다' 하는 준비된 분들이 참여하지만 공공미술은 다르죠. 어떻게 보면 그들의 일상에 예술가들이 갑자기 들어가는 거니까요. 그런 분들과 프로그램을 하려면 '예술이 뭐여?', '지금 뭐하는 겨?' 하시는 동네분들께 아주 쉽게 예술과 프로젝트를 설명하고 참여하시라고 설득하고 공감대 형성하는 일부터 시작해야 해요. 그런 의미에서 공공예술은 쉽지 않은 분야죠. 이쪽 분야 사람들이 흔히 말하는 '코스'를 밟지 않고, 미술관보다는 조금 더 야생인 곳에서 일하던 제가 미술관 판에 들어온 건, 좀 재미있는 일이에요. 그런 저에게 주목해준 것에 감사한 마음도 있고, 또, 이곳만큼 미술관 교육을 중요하다고 생각해주는 기관을 아직 못 찾았으니 계속해볼 이유가 충분하지요?

이 친구 그만둔다고 했을 때, 저도 물론 출렁거렸죠. 사람은 다 비슷하게 출렁거려요. 저는 처음에 딱 2년만 다니고 나가려고 했어요. '사립 들어왔으니까 국공립 가야지' 하면서요. 하지만

'정말로 국공립에 가고 싶은가?' 고민해보니 아니었어요. 보수적인 시스템, 관료주의 같은 것은 정말 안 맞아요. 대림미술관이 좋은 점은 예산 쓰는 기획을 올렸을 때 "너 돈 너무 많이 써! 이거 해서 돈을 얼마나 벌어?"를 먼저 묻지 않아요. 이 돈이 왜 필요한지 물어보고, 그게 타당하다면, '그래, 이런 건 우리가 해야지' 해줍니다. 덕분에 저는 제가 해보고 싶은 걸 다 했어요. 또 미술관이 마약 같은 게, 전시 하나 힘들게 해내고 나면 '아 정말 그만둘까' 하다가도 새로운 기획 생기면 '요거 재미있을 거 같은데? 여기까진 하자' 하게 돼요. 그러다가 여기까지 온 거죠. 자꾸 새로운 기회를 잡으면서요.

권 그리고 저는 퇴사하고 나서 더 객관적으로 장점이 보이더라고요. 나오자마자 독립 큐레이터로서 공공기관과 계약하고 세 개의 전시를 진행했어요. 처음엔 신났다가 무지 오래 걸리는 결재 라인 경험하고 시무룩해졌었죠. 사립은 결정이 빠르고 제가 책임을 질 수 있으면 하면 돼요. 오너한테 혼도 나고 대들기도 했는데 나와보니 어떤 배려가 있었는지 알겠더라고요. 시도에 대한 존중이요.

한 만약 미술관을 나간다면 다른 미술관으로 옮기는 게 아니라 성격이 다른 곳에서 일을 하고 싶어요. 하지만 아직은 미술관에서 하고 싶은 일이 남아 있네요.

실무를 놓지 않고 계신 거죠?

한 네, 실무와 관리는 병행하고 있어요. 당연히 모든 일을 제가 쳐낼 수는 없고요. 내가 쥐고 가는 게 맞을까? 다른 팀원들에게 맡기는 게 맞을까? 판단해야 하는 상황은 양날의 검이에요. 업무를 맡기는 데에도 설명과 피드백, 기다림과 컨펌의 시간이 들어요. 그 시간이 지나면 후배들이 성장하고 결과물이 나오겠죠. 대신 퀄리티를 뽑아낼 때까지 시간이 오래 걸립니다. 제가 하면? 시간이 짧게 걸리는 대신 후배들이 성장할 수 없어요. 제 경우는 그때그때 선택하는 편이에요. 너무 급하거나 제로 베이스에서 처음부터 꾸려야 된다 싶으면 로우 데이터 정리까지만 팀원들이 한 뒤에 제가 일을 완수하고 대신 설명을 다시 해줘요. 그러면서 거꾸로 피드백을 받기도 하고요. 또 팀원이 해도 되는 레벨의 일이고, 시간이 좀 있다 싶으면 맡기죠. 때로는 눈물 좀 흘리더라도….

눈물이요…?

한 일할 때 제가 완벽주의자라서 좀 무서운가 봐요.

권 엄청 꼼꼼한 데다 규칙, 약속에 철저하니까 구멍이 없잖아요. 그러면 같이 일할 때 무섭죠. 예전에도 제 서류는 구멍 숭숭이라 결국 이 친구가 만든 양식으로 고치곤 했어요.

❓ 어떻게 일하는 동료를 필요로 하시나요?

A 한 딱 하나, 책임감을 봅니다. 무조건 '못한다'고 답하는 사람은 곤란해요. 저희 미술관은 빨리빨리 움직이는 스타일이지만, 빨리 쳐내는 것에만 몰두하면 깊이가 없어져요. 그래서 매니징하는 사람에게는 미리 예측하는 능력이 필요합니다. '이 일이 곧 필요할 거 같으니까 준비하고 있자' 하면서 며칠 여유를 두고 업무를 맡겨야 해요. 그럼에도 여러 이유로 못 하겠는 일이 생길 수는 있고요. 하지만 '절대 못하는 일'을 주문하는 경우는 없어요. 시간이 더 필요한 일이거나 사람이 더 필요한 일일 겁니다. 그런데 어떤 일이 주어지자마자 충분한 고민과 상의 없이 단박에 못하겠다고 말하는 친구와는 함께 일하고 싶지 않아요. 또 월급 쌓이길 기다리며 영혼 없이 시간을 때우는 동료도 만나고 싶지 않습니다. 물론 제 경우엔 그런 사람도 어떻게든 일을 하게 만들지만, 그러면서도 생각을 해봐요. 이들에겐 무엇이 문제인가? 원인을 찾다 보면 결국 책임감의 문제죠.

❓ 스타트업처럼 능숙한 관리자가 없는 조직에서는 업무 성과와 인정받는 정도가 비례하지 않았어요. 일은 이쪽이 더 많이 했는데 티는 저쪽이 더 잘 나는 경우도 있지 않나요?

❂ 한 그건 관리자가 끝까지 챙길 숙제 같은 거예요. 매니저도 계속 성장하면서, 끊임없이 팀원들을 관찰하고, 알아가야만 하고요. 아직 연륜이 없어서, 혹은 너무 바빠 여력이 안 돼서, 팀원들의 성과가 잘 파악이 안 되는 경우에는 기준을 정해두고 계속 체크해야죠.

일을 하다 보면 말만 많고 결과가 없는 사람이 있고, 되게 과묵한데 기획안을 보면 절 놀라게 하는 친구도 있어요. 저는 말 많이 했던 사람에게 3주 정도 기다렸다가 결과물 보여달라고 해요. 말 잘하는 거 알았으니까 뭐했는지 가져오라는 거예요. 반대로 말은 잘 못하고 묵묵히 일하는 사람에게도 해놓은 것 가지고 오라고 기회를 줘요. '왜 잘했으면서 말을 안 해?' 하면서요. 기회를 주는 것도 매니징하는 사람의 능력이에요. 팀원들 이야기를 듣는 것, 이 친구가 지금 어떤 고민을 하고 있고 어떤 일 쥐고 있는지 묻는 것. 저는 그것도 정보 파악이라고 생각해요. 그걸 못하면 결국 월급루팡도 생기고, 박탈감 느끼는 사람도 생기니까, 잘하는 걸 계속하는 판을 만들어주는 게 관리자가 할 일이죠.

조직이 커지고 팀원이 많아지면 팀이 어떻게 돌아가는지 상황을 공유해줄 수 있는 친구들을 많이 곁에 두어야 한다고 생각해요. 그러려면 팀장과 팀원 사이 이상의 신뢰를 만들어야 하고요. 어느 한쪽만 어떤 상황을 상급자한테 이르는 게 아니라, 여러 사람들과

사무실에서 일어나는 소소한 이야기를 나누는 사이가 되어야
하는 거죠. 그리고 그들로부터 같은 일이라도 다양한 각도에서
이야기를 듣고 판단합니다.

권 기획팀은 딱 한정된 인원을 필요로 하기 때문에
제가 관리한 팀원 수가 많지 않았어요. 그런데 교육팀 같은 경우
에듀케이터와 보조강사 등 케어해야 할 사람이 많죠. 저는 그런
정도의 커버는 어려울 거 같아요.

한 저는 이 친구가 팀원들의 마음을 얻는 점이
부러웠어요. 언니 같기도 하고 선배 같기도 하게 팀매니징을 하다
보니 어려운 일이 생겼을 때 팀원들이 혼신의 힘을 다해 똘똘
뭉치는 게 보였어요. 그런 걸 잘하는 사람이에요.

권 그건 장점이자 단점인 게, 품을 수 있는 사람 수가
너무 적어요. 그래서 작은 조직 최적화인 거 같습니다. 사람의
장점과 단점 파악은 빠른 편이라 지금 학교에서 아이들을
가르치기에 좋죠. '이 사람이 지금 이런 단계니까 이 업무를 주면
다음 단계로 넘어가겠구나'가 보여서 충분히 얘기하곤 해요. '너는
이런 게 부족하니 보완하면 다른 일도 할 수 있게 된다' 하며 일을
뜯어서 보여주는 거죠. 그럼 본인들도 부족하고 하기 싫지만 이걸
해야 성장할 수 있다는 걸 인지하고 움직여줍니다.

소통과 피드백 잘하는 법 있을까요? '좋은 게 좋은 거'는 함께 일하는 사이엔 틀린 말인 거 같아요.

한 40대가 되었고, 실장을 맡다 보니 이제는 팀원들이 저를 어려워하는 게 느껴져요. 저는 내 식구라고 생각할 정도로 마음을 너무 주는 스타일인데, 그들은 그걸 안 좋아할 수도 있죠. (웃음) 친하게 지내는 거랑 별개로 서로 믿고 의지해야 하는 사이인 건 틀림없어요. "내가 모르는 상황이 벌어지면 해줄 수 있는 게 없어. 하지만 나랑 계속 공유했는데 곤란한 일이 생기거나 상황이 어려워지면 같이 해결해줄 거야"라고 말해요. 그렇게 지내다 보면 당연히 친분도 생기지만 정색해야 할 때는 정색해요. 팀원들도 제가 정색할 타이밍을 압니다. 그렇게 되기까지 대화에 시간을 많이 쓰려고 노력하는 편이에요. '너는 지금 뭘 하고 싶어? 또 2년 뒤엔 뭘 하고 싶은데? 그럼 너는 뭘 할 줄 알아야 해. 미술관에서는 이런 사람이 필요하고. 그렇다면 나랑은 이런 일을 할까?' 이런 이야기를 많이 나누려고 하죠. 요즘은 바빠서 조금 소원해졌지만. 이런 시간을 쌓으면서 잘하고 있다는 칭찬도 자주 하지만 매운 소리 해야 하는 순간이 오면 솔직하게 얘기해요. 에둘러 얘기하느라 에너지를 쓰진 않아요. 또, 관리자로서 신뢰를 얻으려면 팀원이 뭔가 부당한 일을 겪고 있다고 생각하거나 상식에서 벗어난 일을 당했다고 생각될 때 제 선에서 쳐내줘야 해요. 미술관처럼 밤낮없이 일해도 긍지를 가지고 뭔가 완성하는 일을 하는 사람들이 그런 일만은 당하지 않아야 하니까요.

'관객 수 폭발=성취감'이 아니라면, 미술관에서 제일 성취감을 느끼는 순간은 언제인가요?

권 마음에 드는 전시 성사됐을 때. 저희가 하고 싶은 작가가 한다고 했을 때. 보고 싶은 작업이 전시 리스트로 올라올 때. "이게 들어온대. 내가 말한 것도 이거였어!" 하면서 좋아해요. 전시 설치할 때는 되게 힘들어요. 육체적, 정신적으로 힘들어서 새벽에 항상 울죠. 전시는 10년, 20년, 30년 경력이 있다고 해도 전시하는 방식, 공간, 작가, 작품이 늘 다르잖아요. 새로운 상황에 대응해야 하고 사건사고가 반드시 터져요. 예외적인 이슈는 언제나 있는데, 그게 해결하기 쉬울 때도 있지만 감당하기 힘든 경우도 있지요. 대림은 준비 기간이 긴 편이고 소유하고 있는 공간인데, 그럼에도 변수가 나타납니다. 언젠가는 건축가 자문까지 받아서 구조물 만들었는데 작품이 안 들어가는 거예요. 전시는 내일 올려야 되고요. 똑같은 단을 쌓아도 20cm냐 40cm냐에 따라 관람객 시선 각도가 다르잖아요. 하필 그때는 다른 문제 때문에 준비 기간이 짧아서 주말 내내 단 만들어놓고 월요일에 출근해서 가구 올리려고 했더니, 아직 올리지도 않았는데 눈으로만 봐도 작품이 하늘을 찌를 거 같은 거예요. 그래서 저희는 죽어도 못 올린다, 시공해준 사람은 죽어도 스케줄 못 바꾼다 하고 난리였죠. 날밤 새우면서 단을 반으로 잘라야 했고, 그래서 작품 설치 시간 짧아졌고 예산도 더 썼어요. 아무리 전문가가 들어와도 작품이 공간에 들어오면 밀리미터 차이로도 예상한 것과 다를 수 있어요. 이럴 때 유연하게 대처하도록 만들어주는 것도 전시에서 경험자로서의 역할입니다. 웃긴 건 그렇게 힘들었어도 전시가 좋으면 신나는 거죠. 최근에 전시를 좀 오래 쉬다가 레코드 전을 다시 준비하면서 좋은 작가와 작품 만나니까 얼마나 에너지가 충전되었는지 몰라요. 참여자들끼리 호흡 맞는 그 느낌! 하늘이 기를 모아준다고 얘기하죠. 마지막으로 작가한테 얘기했는데 작가까지 알아듣는 눈빛일 때.

한 그렇게 되면 힘든 상황 터져도 해결할 힘이 나요.

권 레코드 전시 준비하면서 팀원들이랑 그랬어요. 작가까지 다. 근데 코로나 때문에 비대면 콘텐츠로 전환해야 했고 공간 사용이 힘든 등 적은 언제나 있었네요. 공공기관이라 세금으로 운영하니까 차별적인 건 모두 피해야 하고요.

작가를 섭외하는 것도 큐레이터인가요?

권 큐레이터의 큰 역할이죠. 큐레이터가 갖춰야 하는 역량은 다양해요. 작가를 서치하고 알아보는 능력. 정치, 경제, 미술사 안에서 좋은 맥락을 뽑아서 전시를 만드는, 작품 선정과 글쓰기까지 연결되는 아카데믹한 능력. 그리고 전시의 그림을 잘 그려서 구현할 수 있는 능력. 그다음 작가를 잘 설득해서 원하는 작품들 가져오는 커뮤니케이션 능력까지요. 물론 이걸 다 잘하는 사람은 없어요. 이 중에 본인의 능력이 어느 쪽인가를 파악하고 키워가는 것도 큐레이터로서 자신의 입지를 만들어가는 과정입니다. 작가 선정 잘했다고 끝나는 게 아니라 기획자와 작가의 기 싸움도 있어요. 개인전이더라도 미술관과 큐레이터는 기획 안에서 보고 싶은 작품이 있고, 작가는 또 다른 구상을 할 수도 있지요. 작가 구상대로 따르기도 하는데 대부분 큐레이터가 푸시를 하죠. 바꾸자, 수정하자, 뭘 빼고 더하자고요. 험한 말이 오갈 때도 있고, 대화로 풀릴 때도 있어요.

섭외의 키가 있다면요?

권 우스갯소리로 들릴 수도 있는데, 대림미술관이 위치한 서촌이 아름답잖아요. 경복궁이 바로 옆에 있고요. 공항에서 작가 픽업해서 미술관 들어올 때 일부러 광화문 전면을 꼭 지나와요. 도심 빌딩들, 광화문, 그 뒤로 궁전과 북악산 보이면 작가들이 감탄하면서 사진을 막 찍어요. 하도 IT 강국이라고 하니까 미래도시 느낌을 상상했다가 고즈넉함이 살아있는 풍경에 반하는 거죠. 게다가 대림미술관 건물이 아담하고 예쁘고요. 마지막엔 옥상에 데려가서 서촌 골목 뷰를 보여줘요. 당연히 그것 때문만은 아닌데, 작가들은 대부분 공간 감수성도 뛰어나기 때문에 아름다움 앞에서 마음도 잘 움직여요.

한 그렇게 좋은 전시를 많이 하다 보니 작가들이 다른 작가에게 얘기를 잘해주면서 움직이는 레퍼런스가 되어줬어요. 작가들의 세계에서는 세 다리가 아니라 한 다리만 건너도 다 아니까 우리가 전시를 제안하면 작가들이 주변에 알아봐요. 거기에 더해서 입장 대기 줄 길게 늘어선 사진을 보여주면 놀라고, 사진 속 사람들이, 그러니까 관람객이 젊다는 것에 또 놀라요. 2030이 80%를 차지하는 건 엄청난 강점이거든요. 해외 미술관들은 관객이 고령화되어 가는 게 고민이니까요. 작가는 자기 작품에 대한 젊은 관객들의 반응을 볼 수 있는 좋은 기회라고 생각해요. 그래서 우리와 함께 일하고, 그 과정에서 쌓은 좋은 기억들로 인해 서포터가 되어주는 거죠.

작가와 미술관, 갑을 관계는 아니겠네요?

권 아니죠. 미술관은 작품이 필요하고, 작가는 작품을 보여줄 수 있는 공간이 필요하니까요. 그래서 작가와 미술관이 서로 윈윈하도록 협상하는 과정이 중요해요.

◎ 한 작가와 협상하는 과정은 참 다사다난해요. 머리도 열심히 굴립니다. 한 전시를 준비할 때, 작가는 1, 2, 3이 중요하다는데 우리가 볼 때는 4, 5, 6이 맥락상 중요한 거예요. 그러면 설득을 해야 하죠. 작가 설득을 위해 해외 출장까지 불사한 적이 있어요. 작가 집에 아침 9시에 들어가 밤 9시에 나왔지요. 처음엔 나이스하게 시작했다가 인상도 쓰고, 한국말로 구시렁구시렁도 댔다가, 결국 나이까지 공개하기도 했어요. 그들은 아시아계 여자 나이를 가늠하기 어려우니까, 절 어린 애 대하듯 하더라고요. 제 의견에 힘을 더하기 위해 경력이 충분함을 어필할 필요가 있었죠.

◎ 권 언어가 주는 힘도 커요. 영국 외의 유럽 작가들은 보통 다국어를 쓰잖아요. 우리와는 영어로 소통하다가 프랑스어, 독일어로 자기들끼리 뒷말을 해요. 근데 저는 독일 유학을 오래 했거든요. 가만히 있다가 나중에 독일말로 대꾸했더니 화들짝 놀라면서 얼굴이 시뻘게져요. '헉, 내가 뭐 말 잘못한 거 없나?' 하면서요. 그럼 그쪽이 기 싸움에 진 거죠.(웃음) 그렇게 대화 흐름이 역전되기도 해요.

◎ 한 전략을 잘 짜야 할 때도 있어요. 보통 상대방을

파악하는 간단한 미팅을 먼저 하고, 그다음에 실제 협상을 위한 미팅을 다시 해요. 서로 어떤 텐션을 가지고 있는지, 그렇다면 어떻게 커뮤니케이션할 것인지와 같이 짧은 시간 안에 작가를 설득할 방법을 캐치해야 하는 거죠.

특별히 좋았거나 싫었던 작가가 있나요?

권 정말 특이한 케이스 빼고는 다 좋아요. 일방적일지라도 사랑하는 대상이죠. 그리고 성공한 사람은 이유가 있어요. 마스터들이잖아요? 만나보면 존경받고 사랑받는 이유가 있더라고요. 메이저 미술관에서 개인전을 할 정도면 어느 정도 경지에 오르신 분들이 대부분이에요. 작업의 완성도뿐만 아니라 인성으로도요. 전시했던 한 분 한 분 그런 포인트가 있었는데 개인적으로 가장 애착이 있었던 전시는 '슈타이들' 전시였어요. 좋은 책 만드는 일을 위해 본인이 가지고 있는 모든 노하우를 공유하려 하고, 엄청난 분량의 전시도록을 독일에서 직접 인쇄해서 준비하고는 최소한의 비용만 받고 관람객들과 나누려는 열정이 정말 놀랍고도 감사하고 감동적이었어요. 빠듯한 일정에 피곤했을 텐데도 항상 최선을 다해서 어린 학생들의 질문 하나 하나에 답변해주시곤 했어요.

한 전시를 준비하다 보면 서로가 서로를 이해하게 되면서 인간적인 관계가 돼요. 대부분 우리 쪽에서 먼저 빗장을 내려놓죠. 작가의 아이를 위한 선물을 주거나, 술을 한잔하기도 하고, 가끔 미술관 욕도 하면서 친근하게 다가가요. 그럼 작가도 마음이 열리고, 어려운 일을 설득해야 되는 순간에 우리 입장을 이해해줍니다. "그래, 너네… 이거 해야 되는 거지?" 하면서요.

권 작품이 좋아서 섭외한 거니까 설치하면서도 제일 좋게 맞춰주고 싶어요. '작가가 이걸 좋아할까? 이렇게 보여주면 좋을까?' 하고 고민합니다. 작가도 애정으로 서포트한다는 걸 알아주더라고요.

같이 전시하고 싶은 작가를 여쭤보면 너무 많겠죠?

권 좋아하는 작가와 작품은 넘치고 넘치지만, 공간-시기와 분리해서 생각할 수 없어요. '어느 기관에서 어느 타이밍에 열 것이냐'가 중요해요. 제가 피카소를 좋아한다고 해서 지금 갑자기 대림미술관에서 피카소 전시를 할 수는 없지 않겠어요? 어느 공간이 어느 작가와 만나느냐가 전시 기획이지요. '독립 큐레이터'도 혼자 움직이진 않으니 여러 가지 조건이 맞아떨어져야 하죠. 그래서 좋아하는 작가와 해야 할 전시는 다른 문제예요.

❓ 도시를 대표하는 미술관의 행보가 그 도시의 문화예술 수준을 보여주는 것이기도 하다는 생각이 들어요. '서울'의 문화예술 신에서 일한다는 건 어떤 건가요?

❓ 한 뉴욕, 파리같이 오랫동안 문화예술 중심지로 기능해온 곳은 그곳만의 색깔이 있어요. 반면, 서울은 성장하는 중이라 계속 변화하고 있지요. '이런 것도 해볼 수 있었나?' 싶을 만큼 다양한 시도가 일어나요. 그만큼 문화예술계는 많이 열려 있고, 늘 새로운 것을 찾고 있습니다. 서울은 색다른 문화예술 이벤트가 당연하게 열리는 곳이 되었어요. 사립 미술관뿐 아니라 국공립 기관들도 틀에 박히지 않으려고 노력해요. 고인 물이 되지 않으려 하다 보니 새로운 걸 해볼 기회가 자꾸 생겨요. 실제로 우리와 함께한 작가들은 서울이 액티브하다고, 그래서 여기서 많은 걸 해볼 수 있겠다고 말해요. 고착화되지 않고 판을 흔드는 일이 계속 일어나는 거죠.

❓ 권 유학 시절에 만난, 해외에서 일하던 동료나 작가들이 서울에 와 있는 경우도 되게 많아요. 서울에서 일하고 싶다고 하고요. 왜 핫하다고 하는지 알 거 같아요. 가로수길, 이태원, 을지로, 성수… 유행 중심지가 빠르게 변하는데 변할 때마다 퀄리티도 좋아요.

Q **최근 업무를 수행하는 데 있어 어떤 고민을 하셨나요?**

권 다 준비해놓은 것을 코로나 때문에 비대면으로 전환해야 했던 거, 힘들었죠.

한 당연하다고 생각했던 모든 일들을 새롭게 봐야 했어요. 미술관은 당연히 발걸음해서 진품을 봐야 하는 곳인데, 사람들의 발은 묶여 있고, 우리는 그들에게 무언가 보여주긴 해야 하니까… 어떻게 하면 서로가 안전한 상황에서, 전시를 효과적으로 보여 줄 것이냐, 그 고민이 길었어요.

권 진품이 가진 아우라라는 게 있잖아요. 공간만이 주는 물리적 경험도 그렇고요.

Q **코로나 이후 따로 또 같이 일하는 원거리 협업에 관심이 급속도로 늘고 있지요. 큐레이터나 에듀케이터는 원격으로 일하는 게 가능한가요?**

권 지난 레코드 284 전시는 50% 정도 원격으로 일했어요. 그리고 해외 작가의 전시는 원래부터 거의 이메일 커뮤니케이션이기 때문에 실제로 미팅하는 건 많아야 두 번이었어요. 이제는 팀원들과도 화상채팅이나 이메일을 통해 협업하는 게 익숙해져 가네요.

한 중간중간 답답하고 어려운 부분이 있지만

100%도 가능하죠. 코로나가 퍼지는 동안 저희도 여러 차례 재택근무를 했어요. 얼굴을 마주하고 회의할 때의 장점도 있지만, 화상회의에서 더 좋은 결과가 나오기도 하더라고요. 작가랑은 이메일로 커뮤니케이션을 하다가 더 긴 논의가 필요하면 컨퍼런스 콜을 하면 돼요. 협업 이야기는 아니지만, 요즘에는 컨퍼런스도 온라인으로 진행되잖아요. 매년 3월에서 5월은 대형 컨퍼런스에 참여하기 위해 미국이나 유럽으로 출장을 갔는데 갈 때마다 '이 좋은 내용을 우리 에듀케이터들이 모두 들었으면 좋겠다' 생각했어요. 그런데 2020년부터는 각자 집에서, 사무실에서 이 컨퍼런스를 들을 수 있었지요. 그런 의미에서 코로나19는 우리에게 한 공간에서 얼굴을 마주하지 않아도 많은 일을 함께할 수 있다는 사실을 삽시간에 일깨워준 것 같아요.

저는 '내 기획이 늙으면 어쩌나'도 늘 걱정이에요.

권 이거 저희도 자주 나누는 얘기예요.

한 감 떨어질까봐 두려운 건 모든 기획자의 숙명일 거예요. 촉수를 세우려고 노력하는데, '새롭다' 하는 걸 찾아 보다 보면 어디서 많이 본 것들의 콤비네이션이라서 감흥이 없기도 해요. 지금 제 나이가 애매한 위치인 거 같아요. 젊지도 그렇다고 아주 늦지도 않은, 새로운 걸 찾아 다니며 촉수를 세우면서도 또 새롭다는 것에서 그렇지 않은 점을 발견하기도 하는. 그래서 요즘은 후배들의 얘기를 충분히 듣고 기획을 던져보게 하는 것, 그걸 정리해서 실행할 수 있게 만드는 게 나의 역할이구나 생각해요. 아이디어가 처음부터 현실이 될 순 없으니 그걸 다듬고 테스트를 여러 번 해볼 수 있는 환경을 만들어 주는 것이요.

권 학교에 있으면 커리어 성장의 시작점에 있는 어린 친구들을 만나요. 하지만 '이 기획은 정말 새롭다'고 생각한 건 아직 없어요. 반짝이는 아이디어가 많은 비중을 차지하는 분야에서는 충분히 활약할 수도 있지만 미술관 전시는 아이디어로만 하는 게 아니라서요. 아직 본 게 적을 때는 상상의 범위도 좁아요. 총체적인 기획 일을 한다는 건 내가 앉아본 의자가 많고, 먹어본 음식이 많고, 묵어본 숙소가 많고… 이런 경험의 범위가 중요합니다. 전시는 레이어가 많고 기관의 영향도 많이 받으니까요. 가능한 것과 가능하지 않은 걸 판단하는 기준도 필요해요. 단적인 예로 큐레이터나 디자이너 채용 면접, 자문위원회 같은 곳에 심사로 들어가면, 특히 프로젝트 매니저를 뽑을 때는 예산 얼마까지 써봤는지에 대한 질문을 자주 던져요. 천만 원 써본 사람이 5억짜리 전시를 갑자기 이끌긴 힘들지요.

한 기획에 있어서 두 가지를 중요하게 생각합니다. 하나는 습관적인 사고를 피할 것. 내 머릿속에서 필터링해서 될 것 같은 것만 이야기하면 안 돼요. 또 하나는 기획을 성사시키기 위해서 말 한마디라도 더 던져보고, 목표에 다가가는 그 긴 여정을 두려워하지 말 것. 대림미술관이 보여주는 전시가 '힙'할 수 있었던 건, 힙한 감을 유지하는 것과 우리의 업을 계속 발전시키는 일을 병행했기 때문이라고 생각해요. 멋진 아이디어의 뒤를 책임지는 게 발전과 성장이니까요. 아까 섭외의 키 이야길 했는데 사실 저희는 전시를 통해 보여주고 싶은 작가를 섭외하고, 우리가 전시하고 싶은 작품이 들어올 때까지 협의하고 협상합니다. 거절하면, 될 때까지요. 내부에서 팀원들과 일할 때도 마찬가지예요. '우린 이 일을 못하니까 이건 하지 말자'가 아니라 필요한 업무 스킬이 있으면 스터디를 해서라도 우리 손으로 이루려 해요. 팀원들의 날것의 생각이나 피드백도 중요하니까, 최근에는 익명 채팅도 했어요.

팀원들과 익명 채팅을요?

한 실장이나 다른 팀원 앞에서 못하던 이야기를 익명 채팅창의 힘을 빌려 던져보는 거예요. 예를 들어 "지금 전시에 진행한 프로그램엔 어떤 문제가 있을까?"라는 질문을 던지면 아쉬운 점에 대한 이야기가 마구 나와요. 그럼 다음 질문을 던져요. "그걸 고치기 위해 우린 뭘 해야 돼?"라고 묻죠. 같은 주제에 대해 익명 채팅을 서너 번 진행한 뒤에 대면 미팅을 다시 해요. 우리가 잘한 것, 아쉬운 것을 다시 짚어보고 '프로그램을 이렇게 바꾸기로 했을 때 해야 할 것'을 정리합니다. 바꿀 내용이 다섯 가지가 나왔다면 즉시 적용하고, 적용한 결과를 데이터화해서 공유해요. "이런 결과값이 나왔으니 이제 뭘 하면 될까?" 하며 개선해나가는 거예요.

♀ **이래서 맨날 새벽까지 일하시는군요.**

Ⓐ **한** 소통하는 방법까지 개발하려니 할 일이 많네요.(웃음) 요즘의 팀원들에게는 최종 목적지부터 알려주는 것보다 단계별로 지금 뽑아내야 할 것을 알려줘야 한다고 생각해서요.

♀ **스터디는 어떤 것이었나요?**

Ⓐ **한** 스터디의 목표는 좋은 프로그램을 만들기 위해 다 같이 모여 계속 공부하자는 거예요. 배우면 배울수록 깊이도 생기고 새로운 게 나오니까요. 올해 혹은 장기적 관점에서 우리가 무엇을 준비해야 하는가에 따라 스터디 주제를 정해요. 주제에 맞는 아티클 등 자료를 놓고 인상적인 요소를 찾아서 미술관에 어떻게 적용할지 논의하기도 하고, 미술교육이나 미술사,

미술이론을 공부한 적도 있어요. 에듀케이터들이 교육적 베이스가 있으면 미술사나 미술 이론 베이스가 없고, 그 반대이기도 해서 구성원들의 지식 밸런스를 맞추기 위한 스터디였죠. 주제에 따라 제가 설명을 해주거나, 어떤 이슈에 관한 강의를 해줄 수 있는 지인이 있으면 밥 한 끼 대접하고 모셔오기도 했어요. 그런데 요즘은 스터디를 거의 안 해요. 집요함을 조금 내려놓긴 했어요.

집요함의 목적은 결국 전시 퀄리티인 거죠?

권 그렇죠. 말은 내려놨다고 하지만 결과물을 위해 이렇게까지 하는 성격이에요.

한 너(권정민)도 대충대충 영혼 없이 하는 건 못 참으면서. 기왕 이름 걸고 하는 거라면 어떻게든 잘 해야죠.

권 아냐, 나 이제 이상한 것도 할 수 있어.

한 그럴 리 없어.

'일하는 나'를 위한 영감의 원천이 있나요? 개인적으로 어떤 것에 흥미를 느끼세요?

권 다양한 문화권과 시대의 소설을 잡다하게 읽는 걸 좋아해요. 책을 통해서 낯선 시대와 문화를 느껴보고 상상하면서 즐거워하거든요. 아이가 태어난 뒤로는 독서량도 확 줄었지만요.

◐ **한** 강연하러 가면 학생들이 꼭 묻는 단골 질문이에요. 하하. 얼마 전까지는 이런 질문을 받으면 좀 난감했어요. 이것저것 보러 다니고 먹으러도 다니고 자료도 찾아보고 여러 가지를 하는데 하나만 콕 집어 말하기가 애매했거든요. 그러다 얼마 전에 깨달았어요. 저는 누군가의 이야기나 강의 듣는 걸 참 좋아하더라고요. 거기서 영감도 얻고 자극도 받고요. 학술대회나 컨퍼런스에 앉아 있으면 너무 재미있고 신나거든요. '내가 고민하는 걸 저 사람은 저렇게 접근하는구나', '세상에 내가 몰랐던 일들이 이렇게 일어나는구나' 놀라면서 희열을 느껴요. 요즘은 온라인 컨퍼런스가 많아서 너무 좋아요. 유튜브에도 많은 강연 자료들이 있고요. 얼마 전부터 이슈가 된 클럽하우스도 감사할 지경이죠. 오프라인에서 만날 수 없는 사람들의 다양한 이야기를 들을 수 있어서요.

최근 5년 사이 업계의 가장 큰 변화를 꼽는다면 무엇이 있을까요?

◐ **권** 너무 많은 게 변해서 꼽기 힘들지만, 제가 강하게 느끼는 건 예술작품을 즐기거나 보여주는 방식의 변화예요. 메이저 기관들이 가지고 있던 권력이 분산되고 있지요. 좋은 점은 예술이 일상에 스며드는 것이고, 우려스러운 점은 예술의

질이 하향평준화되는 것이에요. 그렇지만, 동시대 미술이 너무 오랫동안 성역이었어요. 세상이 변한 속도에 비하면 지난 100년 가까이 예술만 부동에 가까웠죠. 이 부분이 객관적인 평가를 받는 시기라고 생각해서 긍정적으로 보고 있습니다.

🔍 **한** 경계가 모호해지는 것, 그게 가장 큰 변화 아닐까요. 전시 공간인지 스토어인지, 혹은 카페인지 미술관인지 알 수 없는 모든 것이 뒤섞인 공간들이 생기고, 전시인지 세일즈를 위한 디스플레인지 정의하기 힘든 형태의 문화 행사들도 생겨났어요. 흥미로운 건 퀄리티가 상당하다는 점이죠. 전에는 정말 멋진 전시를 보려면 해외로 나가야 했는데, 요즘 전시들이나 문화 행사를 보면 어떤 건 우리가 더 잘하는 것 같아요. 전시 형태도 마찬가지예요. 작품과 나의 거리가 좁아지다 못해 'immersive art(몰입형 예술)'라는 단어가 등장할 정도로 감상자가 작품 안으로 들어가 몰입해야만 하는 작업들이 사랑받고 있지요. 예술 작품은 화이트큐브에서 튀쳐나오고, 화이트큐브엔 작품인지 아닌지 경계가 모호한 오브제들이 채워지고요. 더더욱 놀라운 건, 이를 사람들이 자연스레 받아들이고 있다는 점이에요. 이런 변화를 캐치해서 한발 앞서가야 하는 건 기획자의 몫이기 때문에 재미있게 바라보는 한편 두렵기도 하지만, 어떤 새로운 걸 또 해볼까 하는 생각에 짜릿합니다.

♀ 앞으로 견고히 잘해내고 싶은 일은 무엇인가요? 커리어 목표가 궁금합니다.

권 30대 때는 제가 꿈꿔온 해외 미술관과 협업하고 전시하는 게 커리어의 정점이라고 생각했어요. 지금은 제가 만드는 전시에 폭넓은 세대가 공감하고, 회자될 수 있기를 그보다 더 간절히 바랍니다.

한 저도 마찬가지로 어릴 때는 MoMA보다 좋은 교육 프로그램을 만드는 게 목표였어요. 팀원들에게 우리의 경쟁 상대는 뉴욕에 있다고 말했었고요. 그런데 지금은 아니에요. 오직 제가 몸담고 있는 곳에서만 경험할 수 있는, 유의미하고 재미있는 교육 프로그램을 만들고 싶어요. 너무 재밌어서 교육실 문밖으로 나가는 순간 '아! 다음 주에도 또 와야지!' 할 수 있는 프로그램이요. 세상은 참으로 빨리 변해요. 코로나 덕분에 그 속도는 더 빨라졌죠. 그래서 그 변화 양상에 빠르게 적응하면서도 중심을 잘 지키면서 '다음에 또 와야지' 할 수 있는 멋진 프로그램을 만드는 에듀케이터가 되고 싶어요. 그게 제가 끝까지 잘해 내고 싶은 일이에요.

♀ 문화예술계에서 일하는 게 힘들지만 계속해나가고 싶은 후배나 동료들에게 해주고 싶은 말이 있다면요?

Q 권 어려운 질문이에요. 저 역시 어느 날은 행복했다가 어느 날은 회의적이었다가를 반복하며 이 연차가 됐어요. 내 일이 내 자아의 표현이라는 게 행복하면서도 너무 힘든 일이기는 해요. 그래서 일과 완전히 분리된 취미를 갖고 그로 인한 스트레스 해소의 시간을 권하고 싶어요. 전시를 보는 게 저의 원동력이자 기쁨이었지만 직업이 되고 나니 인생의 가장 큰 즐거움이 사라지기는 했거든요.

Q 한 저도 누가 저한테 이런 것에 관해 이야기해주면 좋겠어요!(웃음) 같은 고민을 하는 동료들에게 하는 한마디라면 이렇게 말하고 싶어요. "그래도 우리는 우리가 하고 싶은 일을 한다. 그간 공부하고 경험한 것을 활용해 결과를 만들어내는 일, 이거면 되는 거 아니겠냐"고요. 어디서나 몸이 힘든 상황, 마음을 힘들게 하는 사람은 부딪히기 마련이니까 하고 싶은 일을 실현하며 사는 즐거움을 만끽하자고도요. 그리고 건강합시다. 그래야 좋아하는 일, 오래 할 수 있으니까. fin.

김지수 브런치 @kimhwamun
카카오의 서비스 기획자. 티스토리로 시작해 현재는 '글이 작품이 되는 곳, 브런치'를 담당하고 있다. 한때는 종합예술의 꽃 라이브공연 제작자가 되고 싶었고 업계에 한 발 담가 보기도 했지만, 지금은 다달이 관극 다니는 유료 관객으로 살고 있다. 대신 기획하는 서비스는 모든 유저가 자신의 꿈과 예술을 펼칠 수 있는 무대가 되길 바란다.

단계별로 진화한 서비스 기획자의 성장 동력

일에 취해서 휘청휘청하던 시절이었다. 당시 가장 가깝게 일하던 개발자 J는 "기획자가 정리만 하는 사람은 아니잖아"라고 했다. 큰 프로젝트 안에서 '직군 간 커뮤니케이션 채널' 역할을 부여받은 시기였고 이리저리 조율하고 공유하고 아다리를 맞추느라 내가 다 닳아 없어질 거 같은 때였다. J가 덧붙인 설명은 일이 굴러가게 만드는 것만이 내 역할은 아닐 거라는 맥락이었다. "그냥 네가 해야 되는 걸 해." 울지도 못하고 눈만 벌건 나를 두고 J는 그 말을 끝으로 모니터로 시선을 돌렸다. 과거에는 독설 퍼붓기로 유명했다는 J이니 그에 비하면 내게 한 말은 마냥 솜털 같았는데도 곱씹을수록 나를 더 푹푹 찌르는 기분이 들었다.

단계별로 진화한
서비스 기획자의 성장 동력

어느 날 1개월 차 기획자가 8년 차 기획자에게 물었다

금요일, 퇴근하고 꼬박 한 시간 반 걸려 집으로 돌아오면 밤 9시. 넷플릭스 홈 화면 덜렁 켜둔 TV 한 대, 노란빛이 쏟아지는 스탠드 조명 하나, 키 작은 상 위에 맥주 한 캔 꺼내두면 한 주 치의 일이 이제야 끝났다는 생각이 든다. 뭘 봐야 잘 봤다고 소문이 나나 고민하면서 맥주 한 모금씩 들이켜다가, 아직 덜 가신 일 생각이 둥실둥실 떠오르고 만다. 이럴 때 무사히 마무리 지은 일이 있으면 다행이라고 가슴을 쓸어내리고, 덜 끝난 일이 있으면 괜히 찝찝한 기분에 다음 주 출근하면 뭐부터 해야겠다고 되새긴다. 신입 때도 그렇고 몇 년이 지나도 이 걱정은 변하지를 않네, 그때와 지금 다른 게 있긴 한가, 하는 생각을 하다가 아무 드라마나 재생하고 맥주에 집중한다. 사이사이 또 제멋대로 떠오르는 생각은 흐르는 대로 두고서.

"디올[*]은 회사 다니면서 어떨 때 가장 동기 부여돼요?"

낮에 같이 티타임을 한 인턴 D의 질문이었다. '동기 부여'라니. 너무 오랜만에 듣는 키워드인데 무게감이 상당해서 불시에 일격을 받은 느낌이었다. '브런치(brunch)' 서비스 기획을 담당하면서 유저 관점에서의 이용 경험, 지속적인 창작을 위한 동기 부여에 대해 생각하고 산 지 몇 년인데 정작 나에 대한 것은 깨끗하게 잊고 지냈나 보다.

D는 이제 막 회사와 스킨십을 시작한 시기였고 사전 과제로 브런치에 대해 다룰 만큼 서비스든 서비스 담당자에 관해서든 관심과 애정이 많은 사람이었다. 찰나의 긴장이 고스란히 드러날까 걱정하며 몇 초간 뜸 들이듯 숨을 골랐다. 마주 앉은 인턴의 자리에 내가 앉았던 시절의 기억부터 빠르게 건져 올리며 아주 천천히 입을 열었다. 7년 전쯤 갓 입사한 신입 기획자의 얼굴을 하고.

"입사하고 2~3년 주기로 조금씩 달라졌는데요, 처음엔…"

---

[*] 닉네임을 사용하는 회사에서 나는 '디올(dior)'로 불리고 있다.

Phase 1.
더도 말고 덜도 말고 딱 '리소스 1'만 같아라

첫 팀은 제주 사옥에 근무 중인 블로그 기획팀이었다. 예상치 못하게 생활 환경까지 덜컥 바뀐 터라 긴장 백배였다. 출근 첫날 새벽같이 일어나 캐리어 하나 덜렁 끌고 간 나만큼이나 긴장된 표정의 팀원들은 신입 맞이하는 소감에도, 협업 부서에 날 소개할 때도 '3년 만에 드디어 받은 신입'이라고 표현했다.

신입 교육은 서비스 파악, 전반적인 업무 프로세스와 업무 툴 숙지, 고객 문의 응대 등으로 시작됐고 작게 쪼개진 업무가 레벨 1부터 차근차근 과제로 떨어졌다. 학교 다닐 때처럼 과제 출제자의 의도를 파악하고 정답 맞히는 과제가 주였고 반복하다 보면 자연히 속도가 붙고 응용력이 늘었다. 사수의 예상보다 빠르게 과제를 완료해 멀쩡한 답을 가져가면 칭찬받았다. 그런 날은 기분이 좋아서 '이번에도 무사히 해냈다' 안도하고 자기 전에는 이불 꼭 끌어안고 발가락을 꼼지락거리며 과제를 복기했다. 다음엔 이런 걸 더 해봐야지 생각하면서. 아직 팀에 플러스(+)는 못 되어도 마이너스(-)는 되지 않기 위한 훈련 과정이었다.

몇 달 지나지 않아 합류한 '브런치 프로젝트'는 꽤 큰 규모의 신규 서비스 기획 프로젝트로 낯선 얼굴이 훨씬 더 많았다. 함께 일할 디자이너, 개발자들의 주 밀집 연차는 대개 10년 언저리였는데 기획팀 선배들과 일하는 것과는 퍽 다른 분위기였다. 누구는 그걸 '짬에서 나오는 바이브'라고 표현했다. 그 사이에서의 나는 갑자기 고수들만 입장 가능한 던전에 일시적인 오류로 인해 덜컥 떨어진 뉴비 같았다고 해야 할지. 작게나마 주요 기능 몇 가지에 대해 기획을 담당할 기회를 얻었는데 그쯤 되니 내가 해야 할 일은 더는 정답 맞히기가 아니라 가장 정답 가능성이 높은 안을 제시하는 거였다.

이제 겨우 오답률 좀 줄일까 싶은데, 정답은 없지만 정답에 가까워 보이는 걸 갖고 가야 하는 처지가 되니 머리가 아팠다. 어설픈 기획안은 허술하기 짝이 없어 리뷰 자리가 아니라 아이데이션 회의로 탈바꿈하기 마련이었고, 기획자의 미덕 중 하나라는 꼼꼼함이 내 타고난 천성인 줄 알았는데 웬걸, 빠트린 게 고구마 줄기 캐듯 나와서 시나리오를 수정하느라 최종, 진짜_최종, 이번엔_제발_진짜_최종의 나날이 이어졌다. 이미 잡아둔 일정 때문에 디자이너, 개발자는 수시로 "이거 언제부터 작업할 수 있어요?" 물으니 연신 양해의 말씀부터 올리느라 주눅이 들었다.

정말 뺑 안 치고 나만 잘하면 되는데 왜 이걸 못할까 싶어 매일 밤 이불을 뻥뻥 찼다. 노련한 고수들 사이에서 중심을 잡지는 못할망정 프로젝트의 콘셉트와 완성도, 일정에까지 영향을 미치고 있단 자괴감에 숨이 막혔다. 담당 기획자가 이래도 되는 건가! 맡은 일을 제대로 해내지 못하는 데서 오는 스트레스가 이만저만이 아니었다.

그땐 정말 싫은 소리 듣기 싫고 폐 끼치기 싫은 마음을 동력으로 열심히 했다. 기본적인 스킬이 달리고 경험도 없으니 열심히밖에 없었다. 틀려도 빨리 틀리고 고치고 또 고쳐서 최대한 덜 엉망으로 만드는 수밖에. 어색하고 멋쩍어도 모르면 붙잡고 물어보고, 뭐가 틀렸는지, 어떤 게 더 필요할지 의견을 청하고 다녔다. 다행히 기획 선배들은 요 신입 하나 사람 만드는 데에 같이 온 힘을 다해줬고 프로젝트 기간 내내 넘어지고 자빠지고 구르다 보니 서비스도 무사히 오픈했다.

베타 서비스를 시작하고 꼬박 한 달, 회사에서 차로 30여 분 달려간 바닷가 모래사장에서 치킨으로 오픈 축하 파티를 하던 날은 동료들에게 그래도 잘했다는 격려를 들었다. 내가 가장 좋아하던 부위인 닭목을 13개나 뜯는 호사를 누리면서.

Phase 2.
당신에게 '함께 일하고 싶은 동료'가 되는 기분이란

회사의 연말 평가는 다각도에서 이루어지고 그중 중요한 축 하나가 동료 피드백이다. 함께한 프로젝트의 성과와 협업 경험을 바탕으로 하는 여러 평가 항목이 있지만 가장 마지막에는 〈다음에도 이 동료와 함께 일하고 싶습니까?〉라는 질문이 등장한다. 매년 빼놓지 않고.

초반 몇 해 동안 익명의 피드백을 받아보면 '같이 일하고 싶지 않다'까진 아니어도 사실상 '거절!'로 읽히는 '모르겠다'가 간간이 껴있었다. 일 잘한다는 소리도 듣기 시작한 때였는데, 동료로서 신뢰는 받고 있지 못하는구나 하는 생각에 입이 썼다. 알약을 밤새도록 녹여 먹어도 그렇게 쓸 수는 없을 거다. 절대적인 스킬, 상대적인 경험 다 모자란 탓에 폐 끼치던 시절도 달갑지 않았건만 이제 허들 하나 겨우 넘나 했더니 더 어려운 고개가 기다리고 있었던 거다. 콕 짚어 뭐가 문제인진 잘 몰라도 내가 맡은 일만 멀끔히 한다고 해결되는 상황이 아니란 건 확실했다.

일에 취해서 휘청휘청하던 시절이었다. 당시 가장 가깝게 일하던 개발자 J는 "기획자가 정리만 하는 사람은 아니잖아"라고 했다. 큰 프로젝트 안에서 '직군 간 커뮤니케이션 채널' 역할을 부여받은 시기였고 이리저리 조율하고 공유하고 아다리를 맞추느라 내가 다 닳아 없어질 거 같은 때였다. J가 덧붙인 설명은 일이 굴러가게 만드는 것만이 내 역할은 아닐 거라는 맥락이었다. "그냥 네가 해야 되는 걸 해." 울지도 못하고 눈만 벌건 나를 두고 J는 그 말을 끝으로 모니터로 시선을 돌렸다. 과거에는 독설 퍼붓기로 유명했다는 J이니 그에 비하면 내게 한 말은 마냥 솜털 같았는데도 곱씹을수록 나를 더 푹푹 찌르는 기분이 들었다.

정리만 하는 사람. 틀린 구석이 하나도 없어서 더 날카로운 말. J 말고도 비슷한 뉘앙스의 이야기를 한 사람들이 더 있었던 게 생각났다. 돌이켜보면 일에 급급해서 서비스를 최우선으로 생각한 게 아니라 담당자들 상황이나 반응에 더 맞추고 있었다. 지레 겁먹어서 껄끄러운 상황을 피하고 싶었던 거 같다. 부정적인 반응이나 마찰을 겪는 게 싫어서 찜찜해도 일단 고개부터 끄덕이고 마치 그게 내 생각이 변한 것처럼 자기 세뇌하고 있었던 거다. 일정이 급하고 맡은 일에 매몰될수록 더 심했다. WHY를 묻는 것도, WHY에 대한 나의 대답을 하는 것도 기피하고 있었다. 자신도 이해 못 하고 공감 못 한 걸 다른 이에게 전하고 내 손으로

실행하려니 계속 꺼끌꺼끌하고 영 퀄리티가 안 나올 수밖에
없었다. 프로젝트에 안 좋은 영향은 물론이고 아주 확실하게
동료들을 잃고 있단 자각이 들었다. 대체 그런 나랑 누가 같이
일하고 싶어 할까. 으으. '네가 그러고도 기획자야?' 내가 나를 향해
던지는 질문이 날카로워져만 갔다.

그때부터는 이를 악물고 서비스에 필요한 것을 최우선으로
고민하고 이야기하려 노력했다. 실행이 어려운 부분은 왜
어려운지, 그렇다면 대안이나 보완책은 없을지를 몇 번씩
더 검토했다. 처음엔 낯설기도 하고 서로 민망할 정도로
어버버거리기도 했는데 하다 보니 '어, 되네?'인 거다. 동료들도
전보다 좀 더 귀를 열고 같이 집중해서 고민하는 시간이 많아졌다.
이제 혼자 안절부절 아등바등하는 게 아니라 진짜로 같이 만들고
있다는 느낌이 들기 시작했다. 대화의 양과 밀도가 달라지니
다 같이 프로젝트에 대한 이해와 공감이 일어났고 아-어-이-
다가 딱딱 맞아들어 갔다. 논의가 치열해지는 과정이 전보다
무섭지 않았고 그 과정 끝에 더 좋은 결과기 나오더라는 경험적인
기대감도 생겼다.

평가 때마다 가장 근심거리였던 동료 피드백에서 '다음에도 같이
하면 뭐든 잘 할 수 있을 거 같다'라는 추가 코멘트까지 확인하던
날, 자리에서 숨죽이고 입꼬리로만 웃느라 온몸이 터질 거

같았다. 난 내가 고집 센 독고다이 스타일인 줄 알았는데 제대로 일을 시작하고 같이 일하는 재미를 알아버렸다. 덕분에 새로운 프로젝트를 맡을 때마다 또는 새로운 동료가 생길 때마다 그에게 있어서 믿고 또 같이 일하고 싶은 동료가 되는 게 내 개인적인 목표이자 원동력이 됐다.

Phase 3.
같은 꿈을 꾸는 사람들과
누군가의 삶을 변화시키는 과정

"기획자는 다른 것보다도 비전(Vision)을 주는 역할이어야 한다고 생각해."

기획팀 선배 S의 말이었다. 단순히 일 잘하는 것 이상으로 함께 서비스를 만들어가는 동료들에게도, 우리 서비스를 사용하는 유저들에게도 미래를 제시할 수 있어야 한다는 게 S가 브런치의 프로덕트 오너로서 갖고 있는 사명이라고도 했다.

그즈음 브런치는 회사의 브랜드 가치와 창작자향 메시지를 담은 주요 서비스였고, 대외적으로도 좋은 서비스라는 평을 받았다. 나의 경우, 일이 손에 익으며 평온한 나날이라면 좋았겠지만 또 그렇지 않았다. 슬슬 업무를 배우는 상승 곡선이 둔화하고 있다는 것과 한 서비스를 장기간 다루고 있는 데에서 오는 미묘한 매너리즘에 수시로 머리카락을 쥐어뜯을 때였다. 오더 넣으면 딱 그만큼의 결과만 재깍재깍 뱉어내는 기계가 된 기분이었다. 목도 마르고 배도 고픈데 뭘 먹고 싶은지는 모르겠고 기운만

쭉쭉 빠지는 상태. 전처럼 누군가의 칭찬이나 믿음만 바라고 달리기에는 뭔가 부족했다. 어떻게 해야 시야를 넓히고 다음 스텝을 밟을 수 있을지도 고민스러웠다. 그럴 때 들은 S의 말이 평소와 똑같았는데도 왠지 모르게 다르게 들린 건 내가 지푸라기라도 잡고 싶은 심정이었기 때문 아닐까.

브런치의 미션을 소개할 때 쓰이는 문구는 '작가가 지속적으로 창작 활동을 펼칠 수 있는 환경을 만들고 세상에 감동과 영감을 줄 수 있도록 기여한다'이다. 서비스 오픈 1주년 때 〈미션 만들기 워크숍〉에서 내가 제안한 메시지가 많이 녹아 있는 문장인데, 정작 나는 그게 그렇게 손에 안 잡혔다. 속되게 생각하면 문과쟁이가 허울 좋은 말 늘어놓는 잔꾀만 있었던 거 같기도 하다. S는 미션 그대로 브런치를 통해 기회를 얻고, 삶에 의미 있는 변화를 겪고 있는 사람들을 볼 때가 가장 좋다고 했다. 일하는 힘이 난다고, 한 발짝 더 나아갈 수 있을 것 같다고. S는 브런치 작가들의 활동을 응원하고 그들의 성취를 제 일처럼 기뻐하고 행복해했는데 나는 왜인지 그걸 내 행복으로 느끼기가 어려웠다.

성실하게 미션을 완수해 성과를 내고, 동료들에게도 인정받으면 되지. 내가 잘하고 우리가 같이 잘하면 되지. 그렇게 생각했고, 그때 내게 '일'의 범위와 주요 이해관계자는 나를 직접적으로 둘러싼 동료들과 회사의 선까지였던 거다. 어쩌면 본질은 잊은 채

껍데기만 만지고 있었는지도 모른다. 이해는 했으되 공감을 못한 거다. 같은 목적을 향해 달려도 내 시선은 여전히 내게 떨어진 과제에만 머물러 팍팍하고 건조했다.

근본적인 질문으로 돌아갔다. 이 일은 뭘 하는 거지? 왜 해야 하지? 나는 그럼 뭐 하는 사람인 거지? 그래서 이 일을 하고 싶은 게 맞나? 이런 질문을 하다 보면 기획자란 무엇인가 하는 질문까지 간다. 아 맞다. 작가가 지속적으로 창작 활동을 펼칠 수 있는 환경을 만들고 세상에 감동과 영감을 줄 수 있도록 기여하는 거, 나도 하고 싶었지.

미션에 초점을 두고 질문에 대한 나름의 답을 찾아가다 보니 좀 더 시야가 넓어지는 것 같았다. 사명감 비스무리한 것도 생기고, 그 결과로 긍정적인 변화를 맞고 있는 사람들을 들여다보게 됐다. 당장 내가 하는 일은 거창한 게 아니어도 이게 쌓이고 쌓여서 삶을 바꾸는 결과를 만들기도 하는구나 싶을 때는 좀 더 힘이 났다. 이 맛에 서비스 기획 하나 보다. S에게 "저도 이제 좀 알 거 같아요" 했을 때 S의 눈초리를 잊지 못한다. 얼씨구 하는 느낌 반, 이제 좀 컸네 하는 느낌 반. 이어진 화답이 "잘됐다. 이제 더 달려도 되겠네" 여서 흠칫했지만.

김지수 / 133

🔑 　입사 지원서를 다시 열어봤다

얼마 전, 브런치가 이제 막 첫걸음마를 떼던 해 진행한 공모전에서 수상한 작가 내외의 초대를 받아 집에 다녀왔다. 서울의 오래된 동네, 좁고 조용한 골목길을 몇 번 꺾어 들어가야 나오는 한옥을 배경으로 한 생활 에세이를 집필한 분들이다. 고즈넉한 분위기의 한옥에서 작가님들이 직접 준비해주신 저녁 식사는 작품을 통해 간접 경험한 그대로였다. 바닥을 달구는 보일러의 온기와 공기를 데우는 라디에이터의 훈기, 발등을 스치는 반려묘 세 마리의 체온이 주는 따뜻함 속에 웃으면서 이야기를 나누는 내내 중심에는 브런치가 있었다. 그 시절에 각자 눈여겨봤던 작가들이 브런치에서 어떤 글을 썼고 어떤 경험을 했는지, 지금은 어떤 활동들을 하고 있는지 등등. "우리도 브런치 덕분에 책도 내고 다 한 거지"라는 말에는 심장이 콩닥거리고 손끝이 저렸다. 그런 이야기를 처음 듣는 것도 아닌데 유난히 떨리고 심장이 울렁거렸다. 브런치에 영향받은 누군가의 삶의 한 자락에 함께 있다고 생각하니까 그 모든 감정이 살갗으로 다가왔다.
긴 대화 끝에 인사를 마치고 조용한 골목길을 최대한 느리게 돌아 나와 집으로 돌아가는 내내 가슴이 뛰었다. 늦은 시간이었지만 그냥 잠들기가 아쉬워 오래전 사용하던 클라우드 서비스에 접속해 내 입사 지원서를 열어봤다. 당시 미래 계획에 취업이

우선순위가 아니었던 스물네 살의 나를 가장 강하게 유인했던 회사의 미션 '세상을 즐겁게 변화시키는 기업'에 맞춘 것인지 나의 입사 지원서에도 삶의 변화, 가치, 비전과 같은 키워드가 매 단계 등장했다.

4. 회사를 선택할 때 가장 중요하게 생각하는 3가지 요소는 무엇입니까?
1) 브랜드 가치 체계 : 확고한 비전과 미션을 갖추고 그를 구체화, 실현하는지
2) 조직문화 : 조직이 추구하는 가치에 부합하며 인간 중심적인지
3) 동기 부여 기재 : 외재적 요인뿐만 아니라 몰입을 이끄는 내재적 요인이 있는지

그중 인터뷰 사전 질문지에 답한 내용을 그대로 옮겨놓고 보니 어쩐지 묘하게 서비스 기획자로서의 나를 움직이던 것들과 하나하나가 맞닿아 있는 것처럼 보인다. 화석이 될 뻔한 초심을 발굴했더니 먼 길 돌고 돌아 겨우 제자리를 찾은 셈이었단 사실에 웃음이 났다.

솔직해지자면 일하는 개인에게 늘 거창한 대의가 필요한 건 아니다. 사심 가득히 좋아하던 작가나 아티스트와 제휴할 기회가 생겼을 땐 잔뜩 흥분해서 일했고, 아무리 찾아봐도 내가 원하는 스펙 갖춘 서비스가 안 보여서 이것만큼은 내 입맛에

딱 맞아떨어졌으면 하는 욕심을 섞을 때도 있었다. 카드값 연체의
아찔한 경험 때문에 따박따박 통장에 꽂히는 월급의 달콤함에
매이고 회사 대출 상품에 묶인 처지에 '어쨌든 오늘만 견디고 내일도
오늘처럼만 견디자' 하고 울면서 일할 때도 있었다. 정말 소소하게는
딱 한 시간 막판 스퍼트 내서 끝내버리고 퇴근하면 시원한 맥주 한
잔으로 더없이 개운하고 행복할 거라고 자위하면서 달릴 때도 아주
빈번하고 말이다.

그래도 내일 말고 모레의 나에 대해서, 그리고 내년의 내 삶에 대해
가늠하려면 조금 더 길쭉한 잣대가 있어야 마음이 놓인다는 건
확실하게 알았다. 어디에 서 있든 북쪽 가리키는 나침반처럼, 흔들리고
한눈팔다가도 다시 궤도로 돌아갈 수 있게 가이드해줄 테니까.

내게 동기 부여에 대해 물었던 D는 "저도 언젠가 디올이
느낀 것들을 하나씩 느끼겠죠?"라며 웃었다. 그럴 수도 있고, 아닐
수도 있고. 꼭 이런 게 아니어도 D에게만 먹히는 다른 무언가가 생길
거예요. 내년의 저 또한 새로운 동력을 찾을지도 모르고 말입니다.
지금 가장 바라는 건 한 편의 글을 발행하며 변화를 경험한 브런치
작가들처럼 앞으로의 내 삶도 이 일을 통해 조금은 변했음 하는
거다. 옛날 어느 통신사 CF 카피처럼 생각만 하면 다 생각대로,
비비디바비디부-하게. fin.

Members' Lounge

일로 만난 우리,
이제 친구가 될까요?

**태국 음식과
알자스의 피노 그리
Pinot Gris, Alsace**

잠깐 지나가듯 만난 사이인데 '이 사람과 인연이 길 것 같다'고 느껴질 때가 있다. 왠지 모르게 코드가 맞을 것 같은 근거 없는 촉. 이런 촉은 신기하게도 적중률이 높다. 스치듯 만난 우리가 같이 일을 하면 왠지 엄청나게 잘 맞을 듯한 그런 예감. 다른 곳에서 나고 자라 서로 다른 직업과 백그라운드를 가졌지만, 개인적인 친분도 전혀 없이 그저 건너 건너 아는 사이 정도이지만, 어쩐지 우리가 같이 일을 하면 뭔가 만들어질 것 같다. 조심스럽게 눈치를 보다가 한쪽이 말을 건다. '저 이런 거 해보고 싶은데 혹시 같이하지 않을래요?'
사회에 나와 일을 하면 어린 시절과 인간관계의 모습이 사뭇 달라진다. 같은 동네에서 나고 자라 긴 시간 추억을 천천히 쌓아온 오랜 친구들과는 마치 같은 산지에서 탄생한 와인과 음식처럼 편안한 케미가 풍긴다. 특별한 이유가 있지 않고서야 하나의 지역에서 늘 먹고 마시는 술과 음식을 서로 어울리게 만드는 건 당연하다. 하지만 와인과 음식을 페어링하는 방법엔 안전한 길만 있는 건 아니다. 오랫동안 사람들이 함께 먹어온 음식과 와인은 당연히 맛있겠지만, 때로는 모자에서 제비뽑기를 하지 않는 이상 짝꿍이 될 수 없을 것 같은 생뚱맞은 음식과 와인이 펑 하고 시너지를 터트릴 때도 있다. 일이 아니면 만날 리 없었을 우리가 최고의 케미를 만들어내는 것처럼.
스쳐 지나갈 인연을 '촉'이라는 말도 안 되는 이유로 붙잡고 함께 일하기 시작한 우리는 계산기를 두드리며 만난 사이보다 훨씬 잘 통했다. 첫 미팅의 조심스러운 공기엔 이미 호감이 깔려 있고, 아이디어와 기획안을 주고받는 동안 다양한 이야기가 오간다. 일이 잘 끝나갈 때쯤엔 '아 이래서 이 사람과 내가 잘 맞을 수밖에 없었구나' 하는 생각에 무릎을 탁 치게 된다. 막무가내인 나의 추진력을 그의 디테일이 매끄럽게 만들어주고, 정돈되지 않은 상상력에 그의 절묘한 크리에이티브가 들어가 멋진 기획으로 완성된다. 역시 촉은 과학이었어, 이 미친 조합을 어쩌면 좋지? 제비뽑기 모자 속에서 랜덤으로 뽑혀 나온 두 개의 이름 같던 우리는 알고 보니 감탄이 나오는 페어링이었다. 마치 태국 음식과 알자스의 피노 그리처럼.

매콤 새콤 온갖 풍부한 맛이 조화된 태국 음식은 신기하게도 프랑스 한 구석 알자스 지방에서 만들어진 피노 그리 와인과 어울린다. 역사적으로도, 지리적으로도, 문화적으로도 그다지 공통점을 갖고 있지 않아 보이는 이 두 지역의 만남은 어딘가 생경하다. 하지만 함께 먹어보면 이내 고개를 끄덕이게 된다. 알자스 피노 그리 특유의 바디감과 약간의 열대과일 뉘앙스, 꿀처럼 달콤한 아로마는 이국적인 태국 음식에 어울릴 수밖에 없다. 매콤한 커리와도, 짭조름한 팟타이와도, 튀긴 듯한 고기를 야채와 볶아 만든 이름 모를 볶음 요리에도 찰떡궁합이다. 소프트쉘 크랩을 튀겨 만든 바삭하면서 부드러운 푸팟퐁커리에는 또 어떤지. 아, 새콤달콤한 쏨땀도 빼놓을 수 없다. 개성 강한 온갖 맛과 풍미가 테이블 위에 불꽃놀이처럼 펑펑 터지는 틈을 와인이 빙글빙글 돌며 절묘하게 감싸준다.

이런 페어링을 만나면 와인이 즐거워지고, 그런 관계를 찾게 되면 삶이 풍요로워진다. 새로운 시도와 만남에 두려움보다 설렘이 앞선다. 적극적이고 긍정적인 내가 된다. 다양한 음식에 아무 와인을 열었을 때 설령 실패하게 되더라도 후회가 남지 않는다. 언젠가 또 멋진 나만의 페어링을 발견할 거라는 확신이 있으니까. 일로 만난 사이의 단점은 일이 없으면 연락하기 서먹해진다는 것. 이렇게 인연을 끝내기 아쉽다면 먼저 얘기를 건네 보자.

"우리 일 끝나고 태국 음식 먹으러 가지 않을래요?"

류예리 @ordinary.anniversary

브랜드 마케터로 일하던 중 런던의 르 꼬르동 블루에서 프랑스 요리과정을 수료했는데, 요리와 함께 가볍게 시작한 와인에 도리어 흠뻑 빠졌다. 그후 연희동에서 와인숍 '오디너리 애니버서리'를 운영했고, 와인 페어링북 『열두 달의 와인 레시피』를 출간했다. 지금은 와인을 둘러싼 다양한 주제의 워크숍을 진행하며 와인을 통해 일상을 가꾸는 콘텐츠를 만들고 있다.

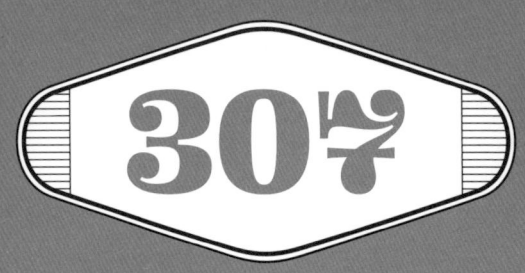

피곤한 덤덤 @tired.dum
프로덕트 디자인 기반 스타트업 잡부. 최근 일러스트레이터와 소셜미디어
팔이피플도 겸하고 있습니다. 잔잔한 피꺼솟을 그립니다.

일할 때 자주 떠올리는

10가지 진심

조기 은퇴하게 해주세요

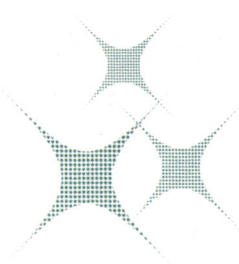

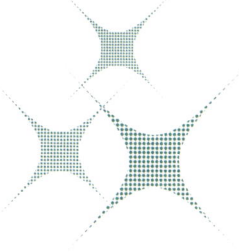

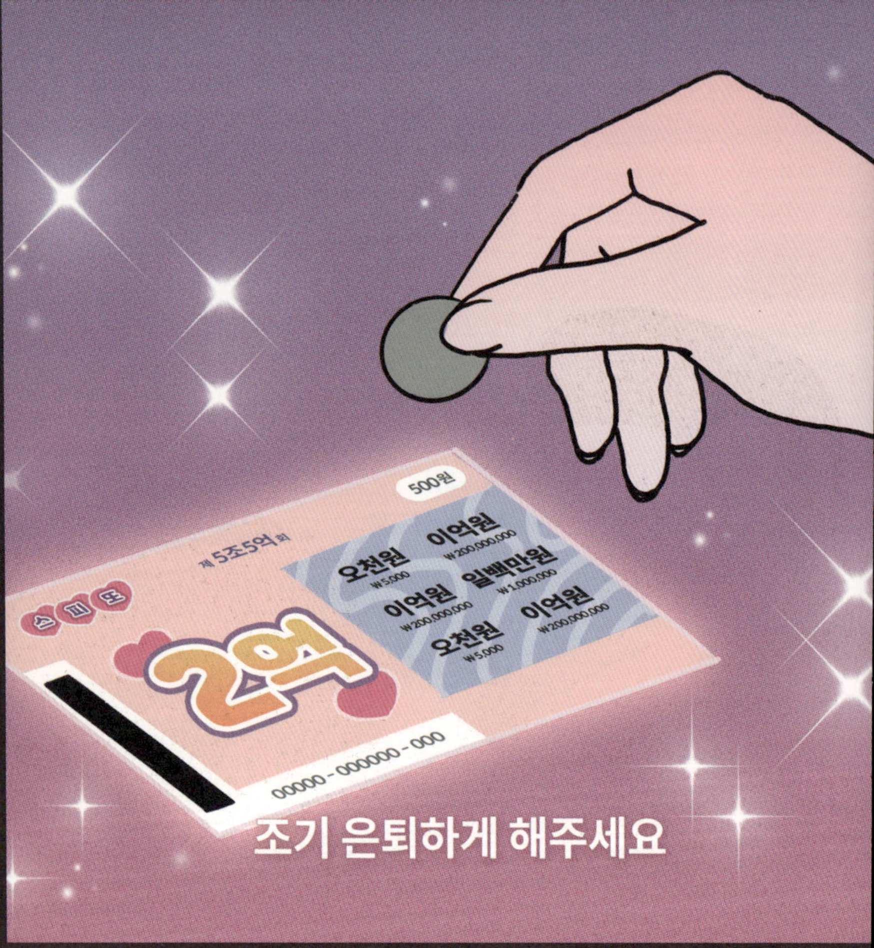

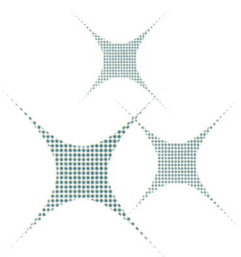

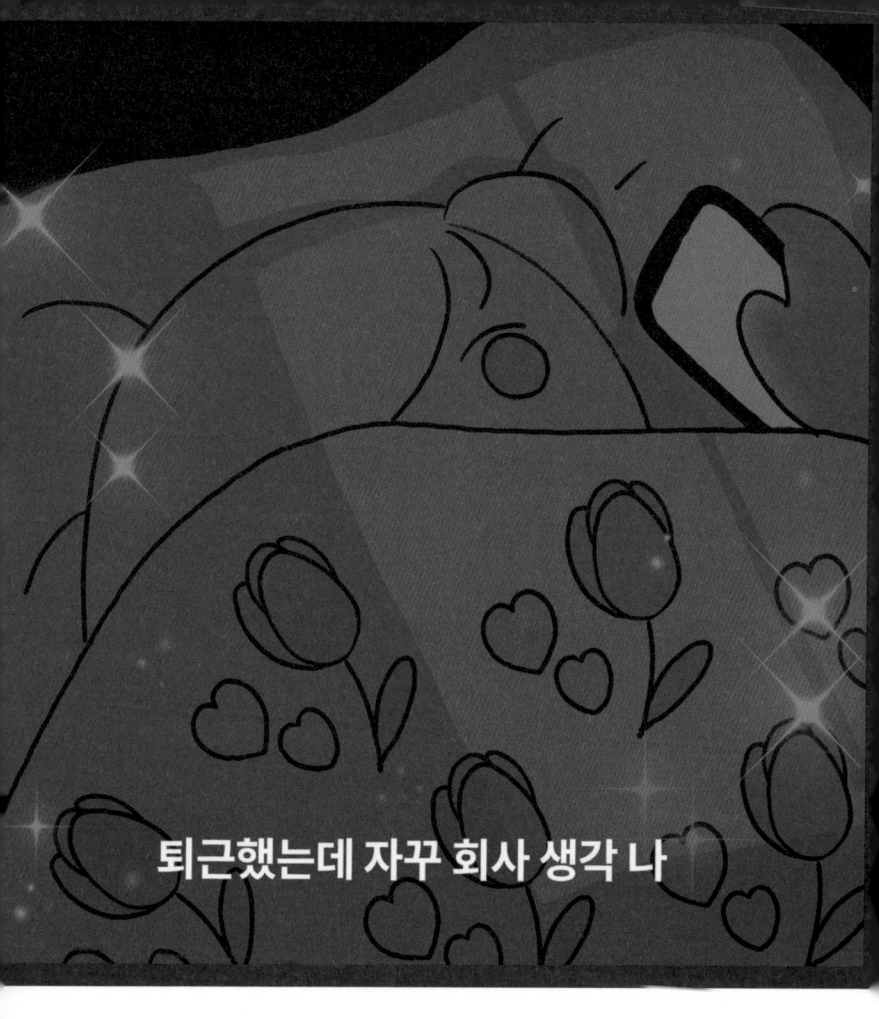

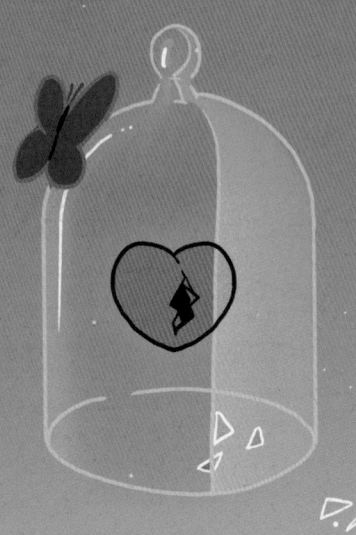

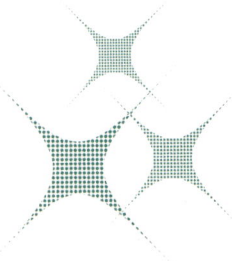

변유정 @howooga_
심리상담사. 심리상담연구소 '호우가' 대표. 타인의 마음과 관계를 어루만지며, 치유와 성장을 돕는 일을 합니다.

관계가 고민인 사람에게,

좋은 비가 내리는 집으로부터

삶은 늘 불안정해요. 상담에서도 불안감을 없애는 것을 목표로 삼지 않아요. 불안감을 보다 작게, 적게 느낄 수 있는 상태, 다시 말하면 내가 그 불안을 감당할 수 있는 힘을 기르는 걸 목표로 하죠. 제가 무척 존경하는 스승님이 이런 말씀을 하셨어요. 이 세상에는 세 가지 일이 있다. 내가 할 수 있는 일, 상대방이 할 수 있는 일, 오직 신만이 할 수 있는 일. 우리는 우리가 할 수 있는 일을 하면 돼요. 저마다 자기 삶 안에서 이고 진 짐들이 있어요. 내 몫으로도 충분해요. 상대방의 몫과 신의 몫까지 내 몫으로 가지고 오지 말아요.

관계가 고민인 사람에게, 좋은 비가 내리는 집으로부터

무엇도 하고 싶지 않고 다 그만두고 싶은 날들이 길어졌을 때, 그렇다고 종일 징징 울고 다니는 것도 아니라서 '내가 지금 우울하지'라는 자각도 못 했을 때, 친구의 권유로 심리상담을 받았습니다. 상황이 변하지 않아도 내 마음이 달라지면 전부 달라지는 것을 몇 달간 경험하고는 왜 사람들이 마음이 아픈 것도 전문가의 도움을 받으라고 하는지 이해할 수 있었어요. 좋은 동료와 나누는 대화 같은 이 책을 준비하며 사람의 마음을 돌보는 심리상담사는 '일하는 사람'으로서 어떻게 지내는지 궁금했습니다. 인간 관계로 지치는 순간을 우리보다는 노련하게 다스리는지도요. 그래서 꽤 오래 전부터 서로의 일하는 모습을 멀리서 지켜보던 심리상담사와 처음으로 긴 대화를 나눴습니다. 여러 고민이 뒤섞인 질문에 '좋은 비가 내리는 집'이라는 뜻을 지닌 심리상담연구소 호우가의 변유정 대표가 차분히 답하는 오후였습니다.

ⓔ 인터뷰 진행 주수은

먼저 '상담사 변유정'에 대해 여쭤볼게요. 어떤 일을 하고 계신지요?

'호우가'라는 심리상담연구소를 운영하고 있고, 이곳에서 개인 상담과 부부·가족 상담 등 상담을 맡고 있어요. 그 외에도 자기 이해와 자기 돌봄, 관계와 의사소통을 주제로 한 다양한 클래스(상담 프로그램)를 진행하고 있고요. 외부 기관이나 전문가와 협업하여 심리·정서, 관계·대화 관련 프로그램을 기획·개발하기도 해요. 종종 강의를 하고, 드물지만 연구를 진행하기도 하지요. 각기 다른 업무들처럼 보일 수 있는데 상담을 중심으로 "마음과 관계를 어루만지고 치유와 성장을 돕는다"는 큰 맥락 안에서 움직이고 있어요.

상담사가 되기까지 어떤 과정을 거쳤나요?

상담 분야에 따라 상담사가 되는 경로는 조금씩 다른데 심리상담, 부부·가족 상담 분야는 보통 대학교와 대학원에서 상담 관련 전공을 하고, 관련 자격증을 취득해야 해요. 상담 현장에서 인정하는 자격증은 전문상담사(한국상담학회), 상담심리사(한국상담심리학회)인데 한국상담학회 전문상담사의 경우, 상담 관련 석·박사 대학원 졸업과 함께 최소 3~4년의 수련, 필기시험과 면접시험 합격의 과정을 거쳐야 취득할 수 있어요. 가족치료사(한국가족치료학회), 임상심리전문가(한국임상심리학회),

청소년상담사(여성가족부), 정신건강 임상심리사(보건복지부), 전문상담교사(교육부) 등도 상담 현장에서 인정하고 있는 자격증이에요.

저는 학부에서는 아동·가족학을 전공했고, 대학원 석·박과정에서는 가족 상담을 전공했어요. 학회에서 요구하는 상담 수련을 마치고 자격증을 취득했고, 대학 부설 아동·가족상담센터, 대학교 학생상담센터, 건강가정·다문화가족지원센터 등에서 임상경험을 쌓았어요. 올해로 11년 차 상담사이지만 상담사 자격을 유지하기 위해 정기적으로 교육·연수에 참여하고 있고, 개인적으로 별도의 수련을 지속하고 있어요. 상담사는 한 사람 한 사람, 한 가족 한 가족 만나며 그들의 삶으로 들어가는 일을 하고, 누군가의 인생에 영향력을 미치는 일이기 때문에 평생 끊임없이 공부하고 훈련해야 합니다.

> **호우가의 시작이 궁금합니다. "때를 알고 내리는 좋은 비(好雨)에 살아나고 자라나는 마음과 이야기가 있습니다"라는 소개글이 무척 인상적이었어요. 이런 인터뷰를 제안드린 것도 뭔가 가까이 가보고 싶은 마음이 드는 곳이라서였고요.**

호우가는 지극히 개인적인 동기로 시작했어요. 좋아하는 일을 내가 원하는 방식으로 하고 싶다는 바람으로요. 8년 정도 한

곳에서 공부하고 일하다 보니 어느 순간 틀 안에 갇혀 정체되고 있다는 생각이 들었어요. 그 안에서 배운 것들, 얻게 된 기회가 많았지만 어떤 면에서는 경험할 수 있는 범위가 한정적이었거든요. 그리고 프로그램 기획·개발, 연구사업 업무 비중이 늘어나고, 그 업무의 규모와 강도가 커지면서 상담하기가 점점 어려워졌어요. 상담사라서 만날 수 있는 일이었고, 할 수 있는 일이었는데 그 일들을 하느라 정작 상담은 하지 못하는 아이러니한 상황이 되었죠. 이런 상황에서 번아웃이 굉장히 강하게 왔어요. 여러모로 멈춰서 다시 생각해야 할 타이밍이라고 생각했습니다. 하고 싶었던 일, 지금 하고 있는 일, 앞으로 하고 싶은 일, 그리고 나의 꿈을 점검하고 재정비하는 게 필요했지요.

익숙한 시스템과 외부의 인정에 안주하지 않고, 새로운 환경과 좀 더 다양한 사람들과의 만남을 통해 좁게는 일, 넓게는 삶의 세계를 확장하고 싶었어요. 상담사로서 상담 안에서 사람들을 만나는 경험이 더 많았으면 했고, 일하는 시간과 공간에 대한 선택이 자유롭길 원했고요. 바라는 그림대로 되면 더없이 좋겠지만 설사 그렇지 않더라도 그 나름 의미 있는 성장 경험이 되리라 믿었어요. 그런 믿음을 가지고, 가까운 이들의 지지와 응원을 받으면서 호우가를 시작했어요.

호우가는 좋을 호(好), 비 우(雨), 집 가(家)를 써서 '좋은 비가 내리는 집'이라는 뜻이에요. 알맞은 때에 적절하게 내리는 비는 메마른 땅을 적셔주고 만물을 소생시켜 주는데, 상담도 누군가의 마음을 살리고 자라나게 하는 일이라고 생각해서 지은 이름입니다. 좋은 비가 내리는 '집'은 상담 공간인 호우가가 될 수도, 상담을 받은 이의 마음 공간이 될 수도 있지요.

'숨 고르는 밤'이라는 프로그램으로 호우가를 알게 되고 호감을 가지고 있었어요. 일반적인 상담 외에 색다른 프로그램을 기획하는 이유가 있나요?

"우리는 자신을 돌아볼 충분한 여유 없이 시간의 소비자가 되어 하루하루 바쁘게 살아갑니다. 그리고 여러 역할을 수행하면서 종종 자신이 누구인지를 잊어버리죠. 가을 달빛이 내려앉는 저녁, 쉴 새 없이 달리던 발걸음을 잠시 멈추고 오롯이 나 자신에 머물며 쉬어 가시길 바랍니다. 은은한 촛불, 풍미 가득한 와인으로 감각의 즐거움을 깨우며 반복되는 일상의 다양한 모습을 살펴보고 아름다운 삶에 대한 이야기를 함께 나누어요. '숨 고르는 밤'에는 자기 만다라 그리기를 통해 삶의 여러 영역을 살펴봅니다. 그림과 글을 통해 타인이 말하는 아름다운 삶을 들여다보고 내가 원하는 삶에 대해 이야기 나누는 시간이에요."

이 문구가 바로 '숨 고르는 밤'을 소개하는 글이었죠. 심리상담에 대한 인식이 많이 변하기는 했지만 여전히 불편한 시선과 편견이 있잖아요. 그러다 보니 상담에 관심이 있거나 도움이 필요한 사람들이 상담실 안으로 들어서는 게 쉽지 않아요. 상담을 보다 친근하고 자연스럽게 받아들일 수 있는 문화를 만들고 확산하는 데 기여하고 싶다는 바람이 있어요.

그래서 호우가 안에서 다양한 상담 프로그램을 기획하고 운영해보기로 했던 거죠. 자기 이해, 자기 돌봄, 관계와 대화 등의 주제를 다룬다는 면에서는 기존에 해오던 것과 크게 다르지 않지만 활용 도구, 공간과 테이블 세팅, 참여자 구성 등에 변화를 주면서 여러 색을 입혀보려 했어요. 처음에는 여러 경로로 상담 프로그램을 홍보해서 참여자를 모집했는데 생각보다 많은 분들과 기관에서 관심을 갖고 의뢰해주셔서 한동안 홍보는 전혀 하지 않았고요. 어떻게 하면 여러 사람들의 접근성을 높이면서 효과적인 상담 프로그램을 제공할 수 있을까, 계속해서 시도하고 수정하면서 고심하고 또 고심해요. 그런데 하면 할수록 포장을 벗기고 핵심 내용에 집중하는 게 중요하다는 걸 새삼 깨닫고 있습니다. 덜어내고 비워낸, 중심이 단단한 프로그램이 전달력도 좋고 참여자들의 만족감도 훨씬 커요.

♥ 가벼운 심리상담 체험이나 자신을 돌아보는 시간이

현대인에게 왜 필요할까요?

삶은 변화의 연속이라 우리는 끊임없이 도전하고 선택하고 적응해야 해요. 현실에 발을 딛고 숨 가쁘게 지내다 보면 외부에 주의를 기울이느라 마음을 제대로 들여다보기 어려워집니다. 정신없이 돌아가는 세상은 멈춤의 시간을 쉬이 주지 않으니까 어떻게든 내가 마련해야죠. 가벼운 상담 프로그램이든, 정기적으로 진행하는 심리상담이든 아니면 다른 무엇을 통해서든 내 마음이 지금 어떤 말을 하고 있는지, 무엇을 원하고 어디로 향하고 있는지 살펴볼 시간을 가지셨으면 좋겠어요. 숨 고르며, 그동안 분주했던 마음에 여백을 만드시길 바라요.

보통 일주일에 내담자를 몇 명 정도 만나나요?

때마다 다르지만 요즘에는 일주일에 개인 상담이나 가족 상담을 여섯 건에서 여덟 건 정도, 호우가에서 클래스라고 부르는 상담 프로그램은 두세 건 정도 진행하고 있어요. 요즘은 가능하면 이 이상은 하지 않으려 해요. 상담을 우선하고 있지만 이외에도 여러 일들을 하고 있으니 지금은 이 정도가 좋아요. 한 상담사가 만날 수 있는 사례는 한정적이고, 무리하지 않는 선에서 내담자분들을 만나야 하는데 제가 좋은 컨디션으로 상담에 몰입할 수 있는 상태는 이 정도더라고요. 상담의 경우, 보통 한 번에 한두 시간 진행되지만 상담 전후로 준비하고 복기하고 정리하는 시간을 더하면 상담사가 상담 1회에 들여야 하는 시간은 두세 시간이에요.

💡 내담자와 소통할 때 특별히 정성을 들이는 부분이 있는지요? 왠지 인간관계를 통틀어 가장 어렵지 않을까 싶습니다.

가장 어려운 관계는 아니지만, 정신적 에너지 소모가 굉장히 큰 관계인 건 맞습니다. 상담사는 내담자의 말을 경청하고 그의 생각과 감정을 따라가며 내담자가 느끼는 감정에 함께 머물러요. 동시에 그 이면에 내담자가 표현하지 못한 마음을 봐야 하죠. 드러나지 않은 행간을 잘 읽어야 제대로 도울 수 있기 때문에 상담 내내 고도의 집중력을 발휘해야 해요.
특히 정성을 쏟는 부분은 내담자와 신뢰 관계를 만들고 이어가는 것이에요. 상담은 내담자와 상담사가 한 팀이 되어 공동의 목표를 향해 함께 나아가는 협업 과정이기 때문에 상호 신뢰 관계가 매우 중요해요. 상담사가 내담자에게 믿을 수 있는 안전한 대상, 따뜻한 지지자가 되어야 상담 안에서 솔직하게 나눌 수 있는 것들이 많아지고 목표에 닿을 수 있거든요. 신뢰 관계는 상담 초기에 형성이 되어야 하고, 모든 과정을 통과하는 동안 계속되어야 해요. 상담사에 대한 정확한 정보 제공, 상담 과정에 대한 자세한 안내, 편안하고 따뜻한 공간 조성, 높은 수준의 윤리적 감수성 등과 같은 기본적인 사항들이 있지만 무엇보다 내담자에 대한 존중과 애정이 상담사와 내담자가 서로 깊이 연결될 수 있도록 도와요.

상담 전에 작은 의식을 치르곤 하는데요, 적어도 상담 30분 전에 상담 테이블 앞에 앉아 지난 회기에서 나누었던 것과 오늘 상담에서 다룰 내용을 훑어봐요. 그리고 파일에 적힌 내담자 이름 위에 손을 얹고 기도를 하죠. 아, 전 무교예요. 그저 간절한 마음으로 기원하는 거예요. "당신의 그 어떤 이야기라도 귀 기울여 들을게요. 당신의 마음에 닿을 수 있기를 원해요. 당신은 소중한 사람이에요. 당신이 평안하길 바랍니다." 상담을 마친 뒤에는 상담 내용을 복기하고 파일을 정리하고 또 기도합니다. "고맙습니다. 사랑합니다. 행복하세요."

> **오오, 경험의 폭이 좁아서 제 안에 '좋은 상담사'의 기준은 없지만 뭔가 좋은 기운이 느껴져요. (웃음) 좋은 상담사가 되기 위해 노력하는 것이 있나요?**

전문적인 지식을 축적하고 상담 기술을 숙련하는 것, 상담사의 가치관, 태도, 신념이 상담에 어떻게 영향을 미치는지 철저히 자기 분석하는 것, 다양한 경험을 통해 삶을 확장하는 것, 상담사 자신의 몸과 마음을 잘 돌보는 것, 개인의 삶과 전문가로서의 삶을 통합하는 것. 상담을 직업으로 가진 사람이 상담사로서 노력해야 하는 것들이에요. 부단히 노력하고 있지만 쉽지 않아요. 평생 수련하는 거라고 생각합니다.

'어떤 상담사가 좋은 상담사일까?' 이 길을 들어서기 전부터 지금까지 주위로부터 많이 받았던, 스스로에게도 많이 던졌던 질문이에요. 앞서 말한 걸 잘 수행하는 상담사를 좋은 상담사라고 생각했어요. 여전히 그건 중요하지만 요즘에는 본질에 가까운 걸 더 많이 생각해요. 상담이란 무엇인가? 상담사는 누구인가? 같은. 상담은 내담자가 내면에서 자기 자신과 만나는 작업이에요. 내담자 스스로 자신에 대한 전문가가 되고 자기 자신으로 살기 위한 길을 찾는 과정이지요. 상담사는 그러한 과정을 돕는 사람이고요. 상담에서 나눈 것들, 통찰한 것들을 상담이 끝난 후에도 내담자가 자신의 삶에 반영할 수 있도록 도와야 해요. 이걸 놓치지 않으려 해요. 그래야 상담이 방향을 잃지 않으니까요.

> **'상담자와 내담자의 안전한 관계가 중요하다'는 말도 들었어요. 내담자는 상담을 받으러 갈 때 어떤 걸 확인하고, 또 어떤 마음이면 좋을까요?**

종종 상담 현장에서 일어나는, 분통이 터지거나 안타까운 사건·사고 소식을 접해요. '심리', '상담'이라는 말을 붙여 엉망진창인 자격증들이 우후죽순 발급되고 있고, 상담 전문가들이 오랜 시간 고군분투했지만 여러 이해관계가 얽혀서 상담 관련 체계적인 법과 제도가 부재하다는 것이 큰 문제예요. 이런 상황에서 피해를 입는 건 결국 내담자이니까요. (반대로 상담사도 제대로 보호받지 못하는 상황이 많아요. 내담자가 위험에 노출되는 상황에 비할 바 아니지만요.) 상담이 필요해도 어디서, 누구에게 상담을 받아야 할지 혼란스럽고, 내가 만나는 상담사가 정말 전문가인지 안전한 상담사인지를 여러 번 확인하는 절차를 거쳐야 하고, 불필요한 심리적 에너지 소모가 필요할 때도 있어요. 전문적인 교육과 훈련을 받은 상담사만 상담할 수 있는 사회로의 변화가 절실히 필요하지요. 하지만 지금 당장 바꿀 수는 없으니 주어진 상황에서 상담사와 내담자가 안전한 관계를 위해 각자 할 수 있는 것들을 할 수밖에요.

상담을 받으러 가기 전에 상담사가 대학과 대학원에서 상담 관련 전공을 했는지, 심리상담 분야에서 인정되는 자격증을 취득했는지, 센터가 안전한 장소에 위치했는지, 상담 비용은 적절한지 등을 확인하세요. 보통은 홈페이지에서 확인이 가능하지만 혹시 정보가 불명확하다면 상담 기관이나 상담사에게 정보를 요구할 수 있어요. 자격증은 발급 학회에서 확인할 수도 있고요. 상담사의 연령대나 성별이 나에게 중요한 부분이라면 미리 확인하세요. 이런 걸 물어봐도 되나, 이렇게까지 확인해야 하나 싶으실 수도 있지만 제대로 상담받기 위해 꼭 필요한 과정이에요. 주변에서 소개받고 추천받을 때도 확인하세요. 방송 매체에 나왔다고 과도하게 홍보하거나 완치, 빠른 회복, 드라마틱한 변화를 강조하는 상담사와 상담 센터는 조심하시고요. 상담 과정에서 불편감을 느낄 수 있고, 의문이 들 수도 있는데 상담사와 그에 대해 충분히 이야기를 나눠도 돼요. 상담을 계속 이어갈지 말지도 선택할 문제고요.

아, 상담을 받으러 갈 때 어떤 마음이면 좋겠냐고 물으셨죠? 모든 시작이 마냥 즐겁고 신나고 설레지 않듯이 상담의 시작도 긴장과 떨림, 두려움이 따라와요. 상담 센터는 어떤 곳일까, 상담사는 어떤 사람일까, 무슨 말을 어디서부터 어떻게 해야 하지? 생각이 많아지고요. 발걸음이 그저 가볍지는 않아요. 거의 모든 내담자분들이 첫 회기에서 이런 마음을 전하세요. 그러고 보니 저도 상담 수련을 시작하면서 첫 상담을 받았을 때 잔뜩 긴장했었네요. 난 뭐든 말할 수 있어! 상담받을 준비가 되었어! 하면서 갔는데도 말이죠.

'나는 나를 위해 상담을 선택했다. 너를 만나고 나를 더 사랑하기 위해 상담에 간다' 생각하며, 상담을 선택하고 변화를 시도하는 나의 용기와 의지를 칭찬하고 응원해주세요.

멘탈이 강한 편이세요? 왠지 스스로 마음 케어도

잘하실 것 같은데, 어디선가 상담사도 자신의 상담사가 필요하다는 글을 읽었어요. 마음 돌보는 셀프 케어법 좀 알려주세요.

웬만한 일로 크게 흔들리지 않는 편이기는 해요. 당연히 저도 일상에서 종종 스트레스를 받고, 크고 작은 두려움과 불안을 느껴요. 화가 치솟고 짜증이 확 일어나기도 하고, 심장이 두근두근 초조해지고, 가슴이 철렁하고 내려앉기도 해요. 그런데 대부분은 순간이에요. 오래가지 않아요.

일단 불편한 감정이 올라오면 피하거나 무시하지 않고 그저 바라보고 느껴요. 그리고 한 발짝 물러나서 그 감정이 무엇 때문에 일어났는지를 탐색해요. 이런 객관화가 처음엔 쉽지 않아요. 지금 나에게 무슨 일이 일어났는지 상황을 제대로 마주하고 내 생각과 감정, 내가 했던 행동들을 살펴봅니다. 내 안의 무엇이 건드려졌는지, 내가 가지고 기대는 무엇이었는지도 생각하고요. 이게 왜 나에게 스트레스가 되었는지, 왜 나를 두렵게 하고 불안하게 했는지를 면밀히 들여다보고 나면 묻습니다. '그래서 내가 원하는 게 뭐지?', '지금 내가 할 수 있는게 뭐지?'

가까운 이들과 대화를 나누고, 때때로 동료 상담사, 슈퍼바이저 상담사의 도움을 받기도 해요. 근처 공원이나 숲에서 산책도 하고요. 자연 안에서 받는 위로도 크고, 걷는 행위가 머리와 가슴에 쏠린 에너지를 손과 발로 이동시켜 주거든요. 소설이나 영화를 통해 시간과 장소를 옮겨갈 때도 있어요. 이렇게 마음이 환기되는 것들을 해요. 평소에 틈틈이 휴식하고, 좋아하는 것들을 가까이 하면서 나를 위한 시간을 보내는 것도 중요해요. 일상에서 단단하게 키운 마음 근육, 마음 면역력이 어려운 때에 큰 힘이 되니까요.

나를 둘러싸고 있는 환경과 사람들이 계속 변하고, 내 삶 또한 끊임없이 변하니 완전한 '안정'은 없어요. 삶은 늘 불안정해요. 상담에서도 불안감을 없애는 것을 목표로 삼지 않아요. 불안감을 보다 작게, 적게 느낄 수 있는 상태, 다시 말하면 내가 그 불안을 감당할 수 있는 힘을 기르는 걸 목표로 하죠. 제가 무척 존경하는 스승님이 이런 말씀을 하셨어요. 이 세상에는 세 가지 일이 있다. 내가 할 수 있는 일, 상대방이 할 수 있는 일, 오직 신만이 할 수 있는 일. 우리는 우리가 할 수 있는 일을 하면 돼요. 내가 할 수 있는 일을 찾고, 그 일에 최선을 다하면 되지 않을까요? 저마다 자기 삶 안에서 이고 진 짐들이 있어요. 내 몫으로도 충분해요. 상대방의 몫과 신의 몫까지 내 몫으로 가지고 오지 말아요.

❓ **그러고 보면 사람들은 자신을 진단하고 탐구하는 걸 좋아하는 거 같아요. MBTI 열풍만 해도 '너의 그런 행동? 네가 이런 사람이라서 그런 거야'를 학문적**

근거로 얘기해줘서 재밌어하는 게 아닐까요. MBTI도 마음 돌봄에 도움이 될까요?

MBTI든 뭐든 나 자신을 살펴보고 알게 된 것들을 일상에 적용하거나 변화를 시도하는 것 자체가 마음 돌봄의 한 방법이 아닐까요? 그런 면에서는 도움이 된다고 볼 수 있겠어요. 삶은 예측 불가능하고 나란 인간은 참으로 복잡하고. 그런데 이런저런 테스트들이 '나'에 대해 설명해 준다니 얼마나 솔깃해요. 재미도 있지만 그 기저에는 불확실함으로 인한 불안이 작동하지 않았나 싶어요. 용하다는 점집이나 철학관을 가고, 사주나 손금 어플을 다운받아 이용하고, 인터넷에 돌아다니는 여러 가지 테스트를 하는 것도 같은 맥락인거 같아요. 아, 저도 다를 거 없이 한 번씩 다 해봤어요. 하하.

그런데 사실 인터넷에서 무료로 할 수 있는 MBTI 검사는 신뢰도와 타당도를 충분히 확보한 정식 검사가 아니고, 정식 검사에서 키워드들을 가져다 조합하고 재해석한 거예요. 온라인에 돌아다니는 결과를 보면 정식 검사와 비슷한 내용들도 있지만 잘못 해석한 내용이 너무 많아 우려되는 부분이 커요. 모든 심리 검사는 이 검사를 왜 하는지 그 목적을 분명히 알아야 하고, 검사 결과는 나의 과거와 현재의 맥락 안에서 충분한 자기 탐색 시간을 통해 해석되고 이해되어야 해요. 그런데 온라인 MBTI 검사는 그런

과정 없이 사람을 유형화하고 그 유형의 결과값으로만
설명하죠. 마치 유행했던 혈액형의 네 가지
유형을 열여섯 가지로 세분화한 것처럼요.
"너 A형이야? 그럼 넌 이런 사람이야"처럼 "너
ENFP야? 그럼 넌 이런 사람이네" 하고요. 그래서 오히려
이런 검사에 반감을 가지게 된 사람들도 많이 생겨났고요. MBTI는
상담에서도 자주 사용될 만큼 유용한 도구인데 제대로 활용되지
못하고 있는 것 같아 안타까워요.

> **모든 치료의 시작은 자기 인정이라는데, 마음에 있어서는 그게 참 어려운 거 같아요. 힘들어하는 사람에게 상담을 권해도 될까요?**

여전히 '상담은 정신적, 심리적 문제가 있는 사람이 받는 것'이라는 편견이 있어서 가까운 사람이어도 상담을 권하는 건 조심스러운 일이에요. 그런 편견이 없던 사람이라도 막상 누군가에게 "상담을 한번 받아봐"라는 말을 들으면 머릿속이 복잡해지죠. 마음이 힘들고 여유가 없는 이에게는 더욱 그렇습니다. 내가 너무 힘든데 "너 상담을 좀 받아보는 게 어때?"라고 말한다면 어떤 기분이 들 것 같나요? 가까운 사람이 너무 힘들어 보여서 상담을 권하고 싶은 거라면 "너 참 힘들겠다. 그렇게 느낄 수 있겠다"

얘기해주고 내가 도울 수 있는 게 있는지 물어보세요. 충분히 공감의 대화를 나눈 뒤에 "이럴 때 도움이 된다는데 상담은 어떻게 생각해? 혹시 필요하면 알려줘. 같이 알아보자" 같은 말을 해볼 수 있겠죠. 그리고 나면 내가 할 수 있는건 다 했어요. 가만히 곁에 있어주세요. 도움을 요청할지 말지, 상담을 받을지 말지는 이제 상대방의 선택이에요.

또 하나, 만약 그 사람의 어려움에 내가 관련되어 있다면 상담을 권하는 건 갈등을 악화시키기 쉬워요. 관계의 변화를 원하는 내가 상담을 먼저 받아보라는 말씀을 드리고 싶어요.

상담사에게는 어떤 동료가 필요한가요?

상담사가 '일로 만나는 사이'에는 내담자 말고도 내담자 가족, 동료 상담사, 대학교수, 정신과 의사, 학회 직원, 정부 · 지자체 공무원, 연계기관 담당자 등이 있어요. 상담사의 포지션에 따라 만나는 이가 조금씩 다르지만요. 모든 관계가 저마다 의미 있고 중요하지만 특히 상담실 안팎의 동료 상담사는 상담사에게 무척 중요해요. 내가 하고 있는 상담에 대한 철학, 상담 현장에서 부딪히는 윤리적 딜레마, 상담사로서의 한계 등에 대한 이야기는 같은 일을 하는 사람들과만 나눌 수 있는 영역인데, 이런 이야기를 동료와 솔직하고 깊이 있게 나누는 경험은 상담사의 소진과 좌절을

예방하고 상담사가 성장할 수 있도록 도와줘요. 서로 공감하고 위로하고 응원하며 나아가는 거죠. 무엇보다 동료라는 존재는 나 혼자 외롭게 이 일을 하는 게 아니라 함께하고 있다는 연대감을 느끼게 해요.

그런 면에서 일하는 모든 사람들에게 동료라는 존재가 필요하지 않을까 싶어요. 나 또한 그런 동료가 되어야 하고요. '동료'의 형태는 다양하고, 우리는 어떤 식으로든 누군가와 연결되어 있어요.

일이 힘들 때보다 사람이 힘들 때 회사를 그만두게 되는 사람을 많이 봤습니다. 저마다 사연은 다르겠지만, 매일 가족보다 더 오래 만나고 협업해야 하는 사람 때문에 힘들 때 대화로 해결할 수도 있을까요? 관계를 변화시키려고 하는 것보다 나를 방어하는 데 힘을 쏟는 게 더 나을까요?

상담을 받으러 오는 많은 분들이 관계와 감정에 대한 어려움을 토로해요. 직장에서 만난 사람 때문에 힘들어하는 분도 자주 만납니다. 일하는 사이에 갈등이 생기면 일에 쏟아야 하는 에너지가 관계에 쏟아져요. 일은 잘 안 풀리고, 마음은 점점 더 괴로워지는 거죠.

같은 일을 하고, 공동의 목표를 가지고 협업을 해야 한다고 하더라도 업무에서의 위치, 역할 등도 다르고 각자의 경험도 다르니 관계에 크고 작은 갈등이 따라올 수밖에 없어요. 그런데도 함께 손발을 맞춰 일을 할 때 대화가 필요한 것은 맞아요. 대화는 서로의 다름을 이해하고 갈등을 해소하도록 도와주니까요. 먼저 내가 가지고 있었던 기대가 무엇이었는지, 대화를 통해서 무엇이 변하기를 원하는지 확인한 뒤에 대화를 나누세요. 대화의 목적은 상대의 변화가 아니에요. 나를 위한 것이어야 해요.

대화의 힘을 믿지만 대화 후에도 상대방의 태도나 관계가 변하지 않을 수 있어요. 관계는 어느 한쪽의 일방적인 노력으로 변할 수 없고, 상대방의 태도는 그 사람의 선택이기 때문에 내가 변하게 할 수 없어요. 하지만 그 사람과의 관계에서 내가 어떻게 행동할지, 무엇을 느낄지는 선택할 수 있지요. 대화든 뭐든 내가 할 수 있는 것들을 하고, 나를 위한 선택을 하는 것. 이게 건강한 자기 방어가 아닐까요?

일하는 사이뿐만 아니라 다른 관계에서도 갈등이 생기고 마음이 힘들어질 때, 이런 메시지가 도움이 될 수 있습니다.

- _____ 이미 벌어진 사건과 타인은 바꿀 수 없지만 나는 내 행동과 감정을 선택할 수 있다.
- _____ 스트레스로 남겨둘지, 성장 포인트로 삼을지는

내가 선택할 수 있다.

✎ ──── 나는 도움을 요청할 수 있고, 도와줄 사람이 있다.

✎ ──── 나는 소중한 사람이고, 나는 나를 돌볼 수 있다.

아, 그리고 하나 더! 내가 저 사람 때문에 힘들어 죽겠는데 저 사람은 다른 데서 나 때문에 힘들다고 하소연하고 있을지 몰라요. 갈등 상황에서 100% 가해자, 100% 피해자는 없고, 나도 누군가에게는 개새끼일 수 있어요.

타미   어릴 때요. 38살 정도 먹으면 완벽한 어른이 될 줄 알았어요. 모든 일에 정답을 알고 옳은 결정만 하는 그런 어른이요. 그런데 38살이 되고 뭘 깨달았는지 아세요? 결정이 옳았다 해도 결과가 옳지 않을 수 있다는 것, 그런 것만 깨닫고 있어요.

브라이언 48살 정도 되면 어떻게 되는 줄 알아요? 아… 이거 스포일러인데… 옳은 건 뭐고 틀린 건 뭘까. 나한테 옳다고 해서 다른 사람한테도 옳은 걸까. 나한테 틀리다고 해서 다른 사람한테도 틀린 걸까. 내가 옳은 방향으로 살고 있다고 자부한다 해도 한 가지는 기억하자. 나도 누군가에게 개새끼일 수 있다.

드라마 〈검색어를 입력하세요 WWW〉 중에서

> **명확한 갈등도 있지만 그냥저냥 잘 지내는데 속내를 알기는 어려운 경우가 많잖아요. 어느 순간 그런 사람이 좀 신경 쓰인 경우도 있었어요. 그럴 때는 그냥 무시하는 게 좋은가요?**

이런 질문을 스스로 던져보세요. '속내를 꼭 알고 싶은가? 알면 무엇이 변하는가? 무시하는 건 어떻게 할 건가? 무시하면 내 마음이 괜찮아지나?' 하고요. 나의 감각과 신경이 내가 아닌 타인에게 쏠려 있어요. 관계의 중심이 내가 아닌 동료에게로 이동한 거죠. 동료의 움직임에 따라 내 마음도 계속 움직이는데, 그는 내가 아니기 때문에 동료의 생각과 행동을 예측할 수 없어요. 그러니 또 끝없이 신경을 쓰게 되고요.

보통 어떤 어려움이 생기면 불편한 감정 자체에 매몰되거나 상대의 의중을 파악하기 위해 애쓰거나 해결을 위한 방법을 고민해요. 그런데 그보다 내가 지금 왜 불편한지, 무엇을 원하는지를 탐색하는 게 도움이 돼요. 회사 동료에게 향했던 시선을 거두어 나에게로 가지고 오세요. 내가 왜 저 사람을 계속 신경 쓰고 눈치 보는지를 먼저 살펴봐요. 타인에게 민감하게 주의를 기울이게 만드는 내 안의 두려움과 불안이 무엇인지 확인하세요. 그것들을 보게 되면 회사 동료의 속내가 무엇인지가 별로 중요한 문제가 아니게 될 거예요.

> **일하다 보면 누군가의 인정에 목말라 있는 나를 만나고, 그럴 때마다 당황스러워요. '이렇게 열심히 하는데, 나 이거 잘하는데, 왜 몰라주지'라니 애 같아서요.**

솔직히 저도 그렇게 생각할 때 있었어요. 사회적 존재라는 우리의 특성이 더 노골적으로 드러나는 사회생활에서 타인의 시선과 평가로부터 자유롭긴 어렵지요. 하지만 타인의 인정에 과도하게 의존하게 되면 기대에 맞추느라 나를 자꾸 억누르게 되고, 한계에 다다를 때까지 일하다 몸과 마음이 고장 나버려요. 감당할 수 있는 것 이상 애쓰면 내가 한 일이 '희생'으로 느껴지기 쉬운데 그러면 희생한 대가를 받으려 하는 보상심리가 생겨요. 더 큰 인정을 원하게 되죠. 악순환이에요.

타인이 나를 인정하느냐 마느냐도 타인의 선택으로 남겨두면 어떨까요? 그리고 나에 대한 인정을 타인에게 맡기지 마세요. 내 인생을 책임져주지 않는 사람에게 인정받으려 하지 말고, 내가 나를 인정해요. 일의 동력을 타인의 인정이 아닌 내가 일에 부여한 의미와 즐거움, 내가 발견한 성과에서 찾으시길 바랍니다. 나의 최선에 스스로 격려하고 상을 주세요. 일뿐만 아니라 일상의 다른 장면에서도요. 내가 어찌할 수 없는 것, 내 몫이 아닌 것에 자꾸 기대지 마세요.

> **'오래된 친구라는 신화'라는 말, 오래된 관계에 집착하지 말라는 뜻으로 받아들였어요. 오래 신뢰한 관계가 틀어지거나 자연스레 멀어졌을 때 허한 마음은 어떻게 달래면 좋을까요?**

삶에 많은 이들이 오고 가요. 어떤 이는 스치듯 지나가고, 어떤 이는 오래 머물다 깊은 자욱을 남기고 떠나가죠. 누군가와 헤어지는 것, 누군가를 떠나보내는 것 자체가 이별이고 상실이니 우리는 매일같이 크고 작은 상실을 경험하고 있지 않나 싶어요. 가족이든, 친구든, 연인이든 믿었던 이와 멀어졌던 경험이 다들 있을 텐데요. 그게 누구이든, 이유가 무엇이든 오래 신뢰했던 관계와 멀어지는 경험은 마음을 된통 흩트려놓죠. 산란해진 마음을 달래려 떠난 이의 자리에 사람을 들이고 물건을 채우기도 하지만 쉽게 달래지지 않아요. 다른 이에게 기대어 위안을 받을 수도 있지만 여전히 홀로 감당해야 하는 몫이 남아 있죠.

마음에 일어나는 감정을 충분히 느끼고 흘려보내 주세요. 마냥 나쁘고 별로이기만 한 일은 없으니 지금 내가 경험하는 이별과 상실이 나에게 남기고 간 것들이 무엇인지 발견하게 될 거예요. 그리고 상처가 있던 자리에서는 늘 변화가 시작되니 천천히 그 성장의 흐름을 따라가세요. 모든 관계는 변하고, 모든 관계에는 끝이 있다는 자연의 순리에 따라 지금 곁에 있는 이들과 다정한 시간 보내시길 바랄 뿐입니다.

♀ '관계의 중심을 나에게로 가져오라'는 말씀을 계속 해주셨어요. 혹시 다 자존감과 연결된 건가요?

그럴지도요. 자존감은 단어 그대로 나에 대한 존중감이에요. '내가 바라보는 내 모습이 만족스러운가', '내가 나를 소중히 대하는가'로 살펴볼 수 있어요. 내 안에는 무수히 많은 '나'가 있어요. 모습도 성격도 다 다르죠. 밝고 환한, 잘난 나를 바라보고 예뻐하는 건 어렵지 않아요. 그런데 어둡고 못난, 나약한 나는 마주하는 것조차 쉽지 않아요. 보고 싶지 않고, 숨기고 싶고 들키고 싶지 않아 하죠. 심지어 없애려고 노력하고요.
자존감을 높이기 위해 이런저런 노력을 하는데요, 자존감 높이기의 핵심, 중요한 포인트는 내 안의 여러 '나', 특히 어둡고 못난 나를 있는 그대로 받아들이는 것에 있어요. 세상만사 만물에는 양면성이 있듯이 나를 힘들고 괴롭게 했던 '나'도 잘 보면 마냥 별로이지만은 않을 거예요. 오히려 그런 나 때문에 도움을 받은 적도 있을걸요? 내 안에 그냥 등장한 이는 없어요. 모두 저마다 존재 이유가 있죠. 내 안의 빛과 그림자를 모두 수용할 때, 나는 온전한 나를 만날 수 있어요.

이렇게 되면 스스로를 비난하고 채찍질할 일도, 타인의 시선과 평가에 민감하게 반응할 일도, 나를 위한답시고 누군가에게 뻔뻔하고 무례한 행동을 할 일도 없어요. 내면에 단단한 힘이 생기니 일도, 관계도 어렵지 않게 잘 풀어 나아가게 되지요.

나는 무엇인가. 내가 대수롭지 않게 여기는 것, 내가 주의를 기울이는 것 모두가 나 자신이다. 어둠으로 내려앉는 것, 빛 속으로 다시 떠오르는 것 모두 나 자신이다. 나의 배반과 나의 충성심, 나의 실패와 나의 성공 모두 나 자신이다. 나는 나의 무지이고 나의 통찰이며, 나의 의심이고 나의 확신이다. 또한 나의 두려움이고 나의 희망이다.

『모든 것의 가장자리에서』, 파커 J. 파머(글항아리, 2018) 중에서

관계의 균형감을 잘 지켜나가고 싶은 사람들에게 해주고 싶은 말씀 있으세요?

하버드 대학에서 700여 명의 사람을 20대부터 90대까지 75년간 추적한 연구 결과, 인간의 행복에 있어 가장 중요한 요소는 타인과의 질 높고 안정적인 교류, '좋은 관계'였어요. 건강과 행복 관련 다른 연구들에서도 '관계'는 빠지지 않고 언급되고 있지요. 나의 감정과 생각, 기억 아래 기억과 환상, 갈등과 불안을 솔직하게 드러내고 이야기 나눌 수 있는 관계는 나의 내적·외적 세계를 확장시켜줘요. 가족이든 친구든, 연인이든 일로 만난 사이든

삶의 깊이를 더해주는 대화를 나눌 수 있는 이를 저는 벗(友)이라 부릅니다.

그런데 이 질문에도 '나' 이야기를 하지 않을 수 없어요. 지금 이 이야기를 듣고 떠오르는 얼굴이 없어도 괜찮아요. 삶에서 가장 좋은 벗은 나 자신이거든요. 모든 관계의 출발은 나 자신이에요. 내가 있어야 관계도 있고, 내가 흔들리면 관계도 흔들리죠. 내가 누구인지도 모른 채 맺어가는 관계, 타인의 기대에 맞추어 맺어가는 관계는 허상일 뿐이에요. 나 자신과 친밀하지 않다면, 다른 누구와도 내가 원하는 친밀한 관계를 경험하기 어려워요. 그러니 타인과의 관계를 생각하기 전에 나 자신과의 관계를 먼저 생각하셨으면 해요. 내면에서 들려오는 나의 목소리에 귀 기울여 주시고, 자기 자신과 많은 대화를 나누며 내가 나의 가장 좋은 벗이 되어줍시다.

최근 여러 면에서 무기력을 느끼는 사람이 많죠. '희망 없음'의 시간에 하면 좋은 것들이 있나요?

코로나가 우리의 삶에 들어와 일상을 바꾸어 놓은 지도 시간이 많이 흘렀네요. 달라진 일상에 적응하고는 있지만 참 어렵고 힘든 날들이에요. '코로나 블루'만 문제가 아니라 소득과 부의 양극화, 소외되는 노동자와 약자, 불안정한 사회안전망과 같은 오래 묵혀 있던 사회 문제들이 드러나면서 암담한 현실을 마주하고 있는 것 같아요. 기대했던 것들이 좌절되고, 기대했던 것들을 더 이상 기대하기 어려워지니 무기력해지고 희망 없음을 말할 수밖에요. 무기력해지면 몸과 마음이 가라앉아 아무것도 하고 싶지 않아요. 성과를 재촉하는 사회 분위기상 의욕 없음과 쉼은 미덕이 아니라서 주변으로부터 게으르다, 시간 낭비한다는 말을 듣고, 스스로 그런 자신을 무능하다고 비난하고 자책하며 우울해해요. 몸과 마음이 점점 더 마비되어 가요.

그런데 이 무기력함은 숨 가쁘게 달려온, 치열했던 내 삶의 흔적이에요. 부단히 애쓰느라 소진된 몸과 마음이 멈추라고, 쉬어가라고 보내는 신호예요. "더는 안 되겠어. 하던 걸 멈춰. 다른 방법이 필요해" 하고 브레이크를 걸어주죠. 때로는 이런 절망과 희망 없음이 최선일 수도 있어요.

당장 눈앞의 일로 무언가 결정하고, 냉소하고 비관하기보다는 내 무기력함을 구체화하고, 여기까지 올 수 있었던 나의 힘과 내가 이미 가지고 있는 것들을 다시 살피며 지금까지 쫓아왔던 것들을 다시 점검해야 해요. 그리고 조금씩 움직여 보세요. 마음이 편안해지고 즐거운 것들, 그간 놓치고 있었던 것들로 일상을 채우는 겁니다. 작은 것부터요. 시간이 지나고 나서야 이때가 전환점이구나 하겠지만, 저 멀리 들판을 보지 말고 발밑의 꽃 한 송이, 풀 한 포기를 발견하면서 일보 전진. fin.

좋은 동료와의 대화는
동기 부여 뿜뿜

1판 1쇄 펴냄 2021년 4월 7일

지은이
노윤주, 백은하, 정다운, 마담롤리나, 김현경, 이재흔,
권정민, 한정희, 김지수, 류예리, 피곤한 덤덤, 변유정

기획·편집 | 주소은
디자인 | 렐리시 *Relish*
제작 | 세걸음

펴낸곳 | 보틀프레스
주소 | 서울시 마포구 도화4길 41, 102동 3층
출판등록 | 2018.11.26. 제2018-000312호
문의 | hello.bottlepress@gmail.com

ⓒ 노윤주, 백은하, 정다운, 마담롤리나, 김현경, 이재흔,
권정민, 한정희, 김지수, 류예리, 피곤한 덤덤, 변유정. 2021

ISBN 979-11-966160-9-0 (04810)
979-11-966160-6-9 (세트)

이 책은 저작권법에 따라 보호받는 저작물이므로 무단 전재와 무단 복제를 금하며 책 내용의 전부 또는 일부를 이용하려면 반드시 저작권자와 보틀프레스의 서면 동의를 얻어야 합니다.
책값은 뒤표지에 있습니다.
잘못된 책은 구입처에서 바꿔 드립니다.